U0000789

楊翠屏 博士◎著

你一定愛讀的西班牙史

現代西班牙的塑造

Histoire de la Formation
de l'Espagne Moderne

臺灣商務印書館

本書獻給艾迪卡
DEDICATED
TO
Edgard
感謝他數次陪伴我到西班
牙做文化、歷史的智性之旅

賀楊翠屏新作問世

　　我和楊翠屏年少時俱在指南山下求學，但聞道有先後，未能及早相識，直到二〇〇九年我替海外華文女作家協會編輯一冊會員小傳及作品目錄，知道楊翠屏畢業於政大外交系，出國之後負笈巴黎，因酷愛文學，她在電郵來的小傳中自抒「具備長期抗戰的精神和勇氣，在結婚生子之後才獲得巴黎第七大學的文學博士學位。」

　　除了求學的毅力，楊翠屏敏於從生活中尋找寫作的題材，並且成績斐然；在一篇〈寫作的不歸路〉散文中記述觸發她「處女作」的鮮活場景：「在異鄉結婚後，租屋有一間大廚房，於是嘗試傅培梅的食譜，餐具、佐料及調味料滿桌，頓時感覺像科學家在從事實驗」，因此準備下鍋的餐食醞釀而成筆下的一篇文章。若借用一般的冷眼旁觀，這幕場景就是準博士在廚房調和鼎鼐，她卻能從科學家做實驗的角度看待烹飪一道，真乃「境由心生」！不得不令人佩服她陽光般的理性態度。

　　八〇年代初，她的另一半被法國外交部派到非洲加彭叢林做醫生，她說身處不同的習俗文化，藉機觀察比較，讓

她有感而發，寫下一系列旅居原始森林的文章，陸續在台北的婦女雜誌發表。九〇年代她為《中國時報》撰寫開卷版的法國書評，每月三篇，步調緊張，寫了三年，因而萌生著書之想。

截至二〇一〇年為止，楊翠屏一共出版八本書，譯著三本，其中《第二性》獲得聯合報讀書人一九九二年非文學類最佳圖書獎，另外五本的著作當中，二〇一〇年問世的《忘了我是誰：阿茲海默症的世紀危機》，不但獲得二〇一一年僑聯海外華文著述獎學術論著人文科學第二名，同時在金石堂網路書店也長踞十七個月印刻出版的每月首推名單，足見叫好又叫座。

楊翠屏的新作敘述西班牙伊莎貝拉女王統一疆土、並有哥倫布發現新大陸等的盛世創舉，為了寫書她多次踏勘書中人物的歷史蹤跡，和重大事件的遺址。她指出本書所敘的歷史，塑造了現代的西班牙，其象徵意義深遠。近日歐洲數國的財務危機成為世界經濟新聞的焦點，對映晚近歐洲列強的海外拓殖和工業革命等歷史的山峰與谷底，翠屏做為一位寫作人，每每能夠抓住時代的脈搏。

十分榮幸受邀為翠屏的新書作序，我倆相隔大西洋各自為筆耕忙碌，但碰上文友開會聚首的機緣，因為嗜好相同而在會場內外有著不期而遇的驚喜與交融；例如二〇一〇年海外華文女作協年會結束後到中南部旅行，在台南遊歷時的自由活動時間有限，我非常不合經濟原則地在有限的二、三十分鐘裡買了參觀安平古堡的門票，不意疾行城牆上的砲台之間，迎面走來楊翠屏，她笑著說你也喜歡看古蹟！

旅行結束後，台北南海路的歷史博物館展覽北京「法門寺」的唐代古物，我們又不約而同在搭機離開台北之前，抽空前去參觀。撇開這份眷戀歷史，愛看古物的情誼，衷心為耕耘有成的文學姊妹寄上我的欽慕與祝福！

前海外華文女作家協會會長石麗東
寫於 2012 年春北美德州休士頓市

西班牙歷史的起伏與興衰：
一個台灣觀點

提及「西班牙」，不免令人想起位在淡水的紅毛城而有不勝唏噓之嘆。眾所周知，一五七〇年西班牙占有今菲律賓的呂宋島後，便意圖進駐北台灣。一五九六年，呂宋總督達斯馬里（Dasmarinas）收到國王的訓令，被要求在近期內必須占有台灣。兩年後的一五九八年，達斯馬里下令旗下大將Don Juan de Zamudio率船兩艘，帶著二百名士兵進犯台灣，但途中卻遇上颱風，而無功折返。

當時的國王乃菲利浦二世（Felipe II，1556－1598），他開啟了哈布斯堡家族（Habsburg）全心全力經營西班牙的首頁。這位英明的君主清楚了解台灣地理位置之於東亞的重要性。當時他們稱台灣島為「Hermosa」，這個島嶼坐落在墨西哥、呂宋、中國、日本的船運必經之地，而島嶼北端的雞籠（P°de Keilang），面向日本，雖然港口狹隘，但港灣內的水域卻是既廣且深。拿下北台灣，將可為西班牙的東亞貿易求得順遂與保障。

然而，菲利浦二世等不及達斯馬里拿下北台灣，便與世長辭了。繼任的國王菲利浦三世（Felipe III，1598－

1621），一如其父親所悲觀預言的，個性好逸惡勞，一生被嬖臣左右，無所作為。反倒是在體弱多病的菲利浦四世（Felipe IV，1621－1665）時期，西班牙的勢力正式進駐了台灣東北角，一六二六年在今基隆和平島築有一城，名為 San Salvador；而兩年後的一六二八年，又在北台灣的淡水建一堡壘 San Domingo，即俗稱的「紅毛城」。

一六四一年，伴隨日本鎖國體制的完成，也斷絕了西班牙對日交易的管道，台灣之於西班牙的價值日漸闕如，島上的西班牙勢力開始逐步縮編。一六四二年，在一次荷蘭人的侵擾事件後，西班牙的勢力正式退出台灣。不容置疑地，西班牙在台灣的勢力消長，背後隱含著西班牙歷史的起伏與興衰。

一如《你一定愛讀的西班牙史——現代西班牙的塑造》所述及之斷限，十五世紀末伊莎貝爾公主（Isabel I la Católica）仍儼草創西班牙，完成建國大業；經查理五世（Karl V）的南征北討，不僅打開哈布斯堡家族成為歐洲霸主之序幕，也促使西班牙成為十六世紀西歐的強權；而十六世紀中葉，當其子菲利普二世承繼王位時，西班牙的國勢如日中天。菲利普二世曾以有名的無敵艦隊（La Granda y Felicísima Armada）試圖打敗慓悍的英國女王伊莉莎白一世，不過反倒被英國海軍擊潰，從此一蹶不振。至於菲利普二世派兵進犯英國的理由，表面上是基於宗教因素與經濟需求使然，但其背後真正的原由據說是菲利普二世意圖挽回曾向伊莉莎白一世求愛被拒的顏面所致。

常謂一代不如一代，繼菲利普二世的挫敗，菲利普三世的無所作為，而其子嗣菲利普四世的積弱不振，乃促使波旁家族

（Maison de Bourbon）伺機取代哈布斯堡家族入主西班牙，歷史上西班牙的輝煌歲月終究是畫上了休止符。盛極而衰、驕者必敗，佛家思想的「無常」觀也可套用於西班牙的歷史發展。

　　《你一定愛讀的西班牙史 ——現代西班牙的塑造》一書是楊翠屏女士透過在西班牙短暫停留的知性之旅，每每駐足於歷史現場，緬懷過去，與古人對話的心靈結晶。整本作品以紀行的撰寫模式，娓娓道出，是意圖一窺西班牙風貌者必定「愛」讀的一本入門書冊，請先一睹為快！

淡江大學歷史系教授兼系主任

林呈蓉

給楊翠屏N個讚

　　二〇〇五年十月八日至十月十二日，與李致慧姊女士（台灣一代音樂大師許常惠夫人）在法國駐新加坡的大使Jean-Paul Réau（雷歐先生）官邸與翠屏姊（Elisabeth）認識並結緣，由於大使夫人王秀惠一直與同住法國的翠屏姊均是留法的文學博士和老朋友，剛好有機會也到新加坡度假，所以我們四位來自台灣的女性，就這樣地結緣在布置高尚雅典卻又不失浪漫南洋風的游泳池畔話起家常，翠屏姊的個性很豪爽又謙虛，但做起事來則積極又用心。

　　相談甚歡下才知道，那時翠屏姊已著手在寫一本與實地探訪數位英國著名女性作家背景有關的書，我當時覺得很有創意也很佩服，她能真的像尋寶般地去深入了解，隔年不久就我就收到她來電和e-mail，告知她已完稿要發行了，希望我可別忘了答應要為她新書《名女作家的背後》寫序文的事，當然好書就是要跟好朋友、好讀者分享，雖然本人才疏學淺，但馬上義不容辭地接下她的指令並完成任務。

　　直到去年（二〇一一年）的十月三日，秘書突然又接到，翠屏姊國外來電表示，她十一月會偕夫婿（Edgard）來

台度假省親，她夫婿也想認識我，交談中她又再次給了我另一驚喜，原來她竟是我最尊敬的台灣民主運動先知彭明敏先生的表甥女，我們之間的友誼無形中距離更縮短，而情份更紮實地又再上一層樓。

拜讀了她最新的大作《你一定愛讀的西班牙史 ——現代西班牙的塑造》的原稿後，我只能用「感動啊！」來形容，因為她帶給我的是從來沒有機會，更談不上熱情地去面對西班牙王朝的新視野，儘管我婚後旅居菲律賓長達十五年之久，且菲律賓曾被西班牙統治近四百年，但除了愛吃西班牙海鮮飯和牛舌等代表性菜餚，也曾暢遊過首都馬德里及巴塞隆納和看過精彩的鬥牛表演外，對西班牙過去的文化資產和悠久的歷史根本可用無知兩字來自我嘲諷。

其實作者雖風韻猶存但年齡也過半百，可是她仍不畏辛勞本著認識世界的好奇心，積極且有計劃性地一步一腳印，披星戴月中穿巷繞道地踏尋、勘察、會意又鍥而不捨地詳細記錄，加上用史觀文學的筆調帶領讀者一下走近了塞哥維亞的主廣場和修道院，一會兒又可在哥倫布的遠航計劃中參上一腳，不讀翠屏姊的書，我還真不曉得原來發現新大陸的哥倫布的出生地竟是義大利熱內亞，而父親曾破產又坐過牢，他書讀不多，卻憑夢想和希望創造了自己一生的歷史地位。

但書中讓我最驚艷的莫屬西班牙國母伊莎貝拉的傳奇一生，在十五、六世紀的時代，身為女性要活得有尊嚴已不容易了，何況是要致力完成政治上與宗教上的統一，並成為影響及指揮世界的女王，在她堅毅勇敢的意志力下，其實也像平凡女

性一樣載滿了太多為人母親的憂傷與哀愁，令人既佩服又不捨。

　　總之，世界無國界，旅行已是現代人生活中不可缺的知識增長，如果閣下要到西班牙旅行前，除了瀏覽一般供旅客走馬看花時參考的導遊手冊外，不妨先讀此書，就如同作者在她的自序中所言的，西班牙像是一本歷史書、一座建築博物館、一個植物園……。因此如果能親臨其境時，你已不只是個觀光客、消費者，而是正在分享他們精彩並引以為傲的歷史。

國際單親兒童文教基金會創辦人

黃越綏

旅法楊翠屏博士西班牙近著清新可喜

　　作家為愛惜羽毛，其作品每每經過千錘百煉才問世；努力耕耘的結果，成果豐碩，才不會浪得虛名。最近拜讀政大校友、外交系畢業、法國巴黎第七大學文學博士的楊翠屏新著——《你一定愛讀的西班牙史——現代西班牙的塑造》，讓我感覺清新可喜，不可多得。

　　這不禁使我想起四十多年前的一段往事。當時政大新聞系主任王教授洪鈞開設有編採寫作課程，有一天他指導課外實習，要求全班學生徒步登山；循著一千二百級的石階步道爬上指南宮。業師要求將此行所見所聞，像掃落葉般掃進簍子裡，然後精挑細選執筆寫出繳交作業。指南宮供奉道教主神呂洞賓，是儒、道、釋（釋是指佛教創始人釋迦牟尼）三教合流的聖地。沿途樹木鬱鬱蒼蒼，靈山毓秀，環境優美。但爬完全程，相當吃力，尤其接近指南宮大殿的一、二百公尺處相當陡直，會令人氣喘如牛，早已累得忘了是要來採訪了。

　　如今得悉楊翠屏博士在醫師夫婿陪同下，六年來六度深入烈日高照的西班牙，廣為蒐集寫書資料，親睹歷史勝地，

印證書本的知識，她的辛苦程度，遠超過當年我們的實習。但兩者都有異曲同工之妙。對於青少年來說，廣為蒐集資料再精選下筆，方法雖簡單，卻受用無窮，值得大家借鏡。

本書的主角是描述西班牙國母、企圖心強的伊莎貝拉的傳奇故事。伊莎貝拉是卡斯地爾王朝公主，母親原是葡萄牙公主。父王駕崩後，哥哥亨利登基為王，成為亨利四世，後來他不幸死了，伊莎貝拉趁機使出政治手腕，以迅雷不及掩耳之勢，自稱為王，爭取到王位。為了使卡斯地爾成為強盛的國家，她更祭出政治婚姻方式，選擇與亞拉岡王子斐迪南祕密聯姻。並雙雙登基為王，且將兩國合併成為西班牙王國。這些事蹟突顯出伊莎貝拉政治手腕異於常人，是一位意志堅強的奇女子。

經過十年斷斷續續的戰爭，一四九二年一月二日，斐迪南與伊莎貝拉率軍進入格拉納達，迫使末代蘇丹手持市鑰投降；驅逐了最後一批摩爾人，結束了回教徒八百年的異族統治。恢復失土，使基督徒的西班牙君主王國完成國家統一。伊莎貝拉將西班牙塑造成現代化強權的國家，居功闕偉，值得細加研讀。

伊莎貝拉另一功績，就是促成義大利航海家哥倫布發現美洲新大陸，這更是一件膾炙人口的故事。

哥倫布在葡、英、法等國拒絕出資資助其冒險尋找海上通往印度通道之後，卻獲得西班牙天主教君王的首肯。他的出航經費，是伊莎貝拉女王變賣嫁妝提供的。伊莎貝拉提供三艘船和百餘水手，哥倫布於一四九二年率領船隊出發，在十月間卻意外發現了美洲新大陸，他最先還誤認所發現的島嶼是西印度群島呢！

自此之後，西班牙繼續派遣遠征隊，開始成為殖民大國，在當地獲得大批金銀財富，勢力深入中南美洲，廣為占領領土，使得西班牙成為歐洲最強大的國家。從這方面看，伊莎貝拉的犧牲奮鬥及政治智慧，對西班牙王國的貢獻是很偉大的。

　　書中除了寫出作者探訪古堡、修道院等古蹟外，也描述西班牙皇家近親聯姻的種種悲劇：有人早產、有人早夭、有人精神分裂發瘋。從現代遺傳學的觀點看：近親是不宜聯姻的。即使是西班牙的歷史故事，對現代人來說，仍是個血的教訓，值得大家警惕。

　　書中還有幾場重要戰役的精彩故事，例如在英王伊莉莎白一世時期，為爭奪海上霸權，英、西交惡。西班牙菲利普二世的「無敵艦隊」遠征英國，卻鎩羽而歸，引起震撼。何以致此值得探討。這也說明戰爭像場球賽，變幻莫測，誰勝誰敗，是說不準的。不到最後，不知結果如何。

　　另一方面，西班牙對殖民地採取血腥滅絕式的屠殺，引起連串反抗，國力也衰落了。及至十八世紀初期，西班牙發生君主王位繼承戰爭，重創了西班牙，喪失歐洲強權地位，造成西班牙失去比利時、盧森堡、米蘭等地領土。到了十九世紀初期，法國的拿破崙軍隊入侵，西班牙也忙於應付殖民地的反抗戰爭，開始失去美洲的殖民地，成為歐洲次等國家。

　　談起法國拿破崙將軍，使我不禁想起也是法國人的大文豪雨果（ Victor Hugo，1802 － 1885）**01** 來。他是《鐘樓怪人》（ *Notre-Dame de Paris*）一書的作者。此書故事後來被拍成電影，由大明星安東尼昆（ Anthony Quinn，1915 － 2001）飾演鐘樓駝背怪

人角色；面貌醜陋卻心地善良，唯妙唯肖，不知感動了多少影迷而轟動一時。相信在台灣、在海外，許多人都有這個共同記憶。雨果幼年時，隨父雨果將軍進駐西班牙，此居留對他往後一些作品帶有西班牙色彩有重大影響。

法國另一大文豪是寫出《卡門》代表作的梅里美（Prosper Mérimée，1803－1870）。其保存歷史建築的前衛思想，使歐洲最大的碉堡城市之一「卡爾卡松」（Carcassonne）免於被摧毀的命運。他曾被任命為歷史文物總督察官，到過西班牙、英國、義大利、希臘、土耳其等國家，考察文物，了解軼聞趣事及民間風

俗，他的作品多采多姿。《卡門》更被法國音樂家比才（Georges Bizet）改編成歌劇而揚名於世。卡門具有強烈的戲劇性及西班牙作風；吉普賽女郎早已被觀眾及聽眾熟悉，成為偉大歌劇。由此可見西班牙文化對梅里美影響之大。

當今西班牙經濟蕭條，失業嚴重。為了謀生，許多人以旅遊為名，藉機到巴西之後長住下來謀出路。單單去年，就有十萬人藉此非法居留。為防杜漏洞，巴西政府規定西班牙來的遊客須自備來回機票。巴西原是葡萄牙舊殖民地，如今卻是新興大國，經濟富裕，西班人自然趨之若鶩了。

本書雖只是西班牙片段史，描述西班牙如何成為現代化國

家，卻是最重要的一部分，有其特別意義，彌足珍貴。歷史是一面鏡子，了解歷史，讓人增長智慧。

　　楊翠屏譯作、著作豐富，作品清新可喜。她當年曾為中國時報開卷版世界書房撰寫法國書評，長達三年，早有名聲。那時我也在中時編輯部服務，只是不同部門。去年十一月下旬，她參加在廣州市暨南大學舉行、由「中國世界華文文學學會」及「世界華文作家協會」合辦的「世界華文文學研討會」，復又參加在高雄佛光山舉行的「世界華文作家協會第八屆會員代表大會」，我們不期而遇 **03**，真是有緣。過去她寫的幾本書，數度得獎，她的書多為大學及市鎮圖書館收藏，具見受歡迎的程度。這次出新書，勢將洛陽紙貴，當可預卜。值茲付梓，謹以為序，並寄予誠摯的祝福。

現任「亞洲華文作家協會越棉寮海外分會」會長

「中華兩岸文藝協進會」副理事長

李文慶

寫於2012年4月23日深夜台大勵學大廈寓所

03 有緣相聚

圖左起越南歸僑、淡大教授何金蘭，左二、三為
本文作者楊翠屏之醫生夫婿及楊翠屏。左四為名
書畫家、獲得中國文化特使榮銜的林亮名（壽山），
左五為文友李文慶會長，右一為世廣常務理事、
北廣理事、自由僑聲董事的林建民，去年十一月
合影於佛光山。

自序：
緣起

01 瓜地路貝的教堂與修道院

　　由於《費加洛日報》的一篇文章、里昂市中心一家書店一本傳記，展開了歷時十一年的歷史、文化之旅。去瑞士看博物館、古堡、勇猛查理與瑞士聯軍的戰場、低地國總督瑪格麗特的結婚教堂與洞房。維也納觀賞勇猛查理的世紀之展。比利時梅舍連（Mechelen）尋找瑪格麗特的舊宮殿、布魯日聖母院、勇猛查理與女兒布格尼最後一位女公爵陵墓前沉思。

　　西班牙離里昂不怎麼遠，我們在里昂定居十五年之後，才赴西班牙旅遊，原因是舊車無冷氣設備，怕受不了伊比利半島的溽暑。

　　一向愛做文化之旅，二〇〇五年夏季與外子驅車去了巴塞隆納、馬德里之後，接著去塞哥維亞、沙拉曼卡、亞維拉、托雷多。

　　瓜地路貝（Guadalupe）哥德式的修道院 **01**，是伊斯特麻迪合（Estrémadure）省的一顆明珠，瓜地路貝的聖母是西班牙及往昔殖民地的守護神。據說十四世紀初期一位牧羊人

02 西曼卡斯古堡

在此發現一座聖母雕像後，建了教堂，聖母顯靈、現神蹟。阿方斯十一世對抗摩爾人戰役之前，祈求聖母保佑，一三四〇年十月二十四日勝利之日，感恩聖母重建一座宏偉、莊嚴的修道院。伊莎貝拉的流動朝廷曾於一四七八年十二月中旬，在此皇家修道院駐留朝聖、處理國事，歡度聖誕、新年節慶。

　　二〇〇六年七月九日下午，我們來到瓜地路貝。旅館在山腰，在陽台上數度俯瞰修道院。陽光、餘暉照耀下、夜晚燈光襯托下，感動、感恩、興奮澎湃洶湧，想像中古世紀來此朝聖，翻山越嶺，何等艱難。當晚輾轉難眠，萌生把我探索、體驗的西班牙寫成一本書。

　　六次西班牙二十五天至二十八天的深度之旅，踏尋西班牙

國母伊莎貝拉的足跡：其出生地、獨自宣稱為女王的廣場、立遺囑及駕崩的宮殿、格納達皇家教堂的永久長眠之地。這位性格獨特的奇女子，歷經母親、女兒發瘋、唯一王儲英年早凋、王位繼承最後一道希望外孫早夭的人間悲劇。驅逐摩爾人、光復國土、統一西班牙，一生的鴻圖大志讓她堅強地活下去。

在西班牙旅行時遇到一些善心人士。目前存放皇室檔案的西曼卡斯（Simancas）古堡 **02** 不遠處，就是此小鎮的旅遊中心（officina de tourismo），我告知極喜愛西班牙，且在寫一本西班牙歷史的書，一位年輕小姐送我許多小冊子及資料。

從世界文化遺產卡塞瑞斯（Cáceres），特地趕去西葡邊境的 Valencia de Alcantara **03**，就只為了看伊莎貝拉陪伴長女與葡萄牙國王舉行婚禮的教堂。路途中，看到鸛鳥在人們特別聳立的柱子上築巢的奇異景象 **04**，西班牙的鸛鳥（cigogne）比法國多得多，尤其是教堂屋頂上。在旅遊中心說明來意且拿著一本書指出段落，工作人員向我指示到鎮公所詢問教堂大門負責人。敲下三家門才找到適當人，一位七十多歲的男士特別讓我們在教堂裡慢慢觀看，還送我三張聖像。

03 與特別為我們開啟 Valencia de Alcantara 教堂大門的男士合影

04 鸛鳥柱上築巢

　　馬德里東北部一個叫Sigüenza的中古世紀小城，卻有一座建於十二世紀城堡似的大教堂，內部小教堂一位斜臥正在閱讀的年輕貴族栩栩如生石雕，是此城的歷史座標。格納達戰爭時，他於一四八六年二十五英年陣亡。伊莎貝拉不惜斥資，為侍從建造一座紀念墳墓與石雕像。當我拿著法國著名的綠色旅遊書（ *Le Guide Vert* ）尋找時，一位神職人員自動來幫忙，引導我們去那小教堂，開門、開燈、解說、還送我兩張石雕圖片。我合掌

向他致謝。

　　二〇一一年六月去西班牙主要目的，是去勘察、意會與格納達戰役有關的城鎮，雖然事隔五世紀之久，我試著想像戰爭情況，尋找蛛絲馬跡。在格納達西部Loja小鎮，看到Ali Atar將領配戴他著名寶劍的雕像  05，威武英姿、目光炯炯有神。他是格納達王國最後一位阿拉伯君主波阿寶狄（Boabdil）的岳父，美國名作家華盛頓・歐文（Washington Irving）在《征服格納達》（ *The Chronicles of the Conquest of Granada* ）一書中，描述他為捍衛格納達王國，不遺餘力的英勇事蹟。我與外子正在討論八十幾歲的Ali Atar還是老當益壯時，一位七十多歲、瘦小但精力充沛的老太太，從家門走出，指著雕像，然後拉著我的手，下坡步行約兩百公尺，讓我們看到一位左手掩面坐著哭泣女子的銅像，Ali Atar的女兒為父親的戰亡哀慟。

05 Ali Atar的威武英姿

　　一二一二年七月十六日發生的拉斯納瓦斯・得多羅沙（Las Navas de Tolosa）戰爭，是西班牙歷史上重要的轉捩點。卡斯地爾、亞拉岡、雷歐（León）、拿瓦荷（Navarre）四個基督王國聯軍，由四個國王率領總共二十二萬大軍，在哈恩（Jaén）省拉斯納瓦斯・得多羅沙小村東北部九公里Sierre Morena山下谷地，與阿拉伯聯軍展開激戰。起初，不諳

地勢的基督王國聯軍處於劣勢。但奇蹟出現，幸虧得力於當地一位牧羊人之導引，得以觀望敵軍布陣方式，因而扭轉局勢。拉斯納瓦斯・得多羅沙戰爭告捷，無疑給基督徒軍隊打了強心劑，打通光復南部失土門路，打破阿拉伯勇無敵軍隊的迷思。

我們來到拉斯納瓦斯・得多羅沙小村，尋找戰爭紀念碑 06，只是看到卡斯地爾王阿方斯八世，停留過房子上方有一他圖像的圓雕飾。我們終於在鄰近村落 La Carolina 找到紀念碑，它聳立在一廣場亦是公園內。戰場在那裡？不可能沒標示，我們若有所思地離去。

在安達魯西亞及亞美利亞（Almeria）旅遊之後，往北駛往托雷多途中，外子眼尖看到拉斯納瓦斯・得多羅沙戰爭博物館指標，真是喜出望外。兩點關門，免費參觀，我們只有一小時時間，否則需等到五點才再開放。我在樓上觀望台，遙望被樹林遮蓋的山谷、坡地，回溯八百年前四十萬大軍在這裡衝鋒陷陣、廝殺，雙方為領土、自設定的正義、理想、意識型態而戰。要離去時，博物館管理員送我一本《古堡與戰場路線》英文小冊子，且很熱心地告訴我，二〇一二年紀念戰爭八百年，會有諸多活動：國際會議、重演戰爭、中古世紀音樂節慶、出版此戰爭與時代有關書籍、在此博物館與哈恩（Jaén）省博物館舉行多場演講、及比武、戲劇等諸多活動。拉斯納瓦斯・得多羅沙戰爭，真不愧是西班牙文化精神的重大事件。

對我而言，西班牙就像一本歷史書、一座建築博物館、一個植物園，在歐洲國家對它情有所鍾。當你喜愛一個國家，想身臨其境的欲望是何等強烈。法國一位已故作家兼出版家以

佛·伯哲（Yves Berger），本來是英文老師，因深深地愛上美國，生平自豪去過一百二十五次美國，譜出許多關於美國的書，二〇〇三年出版的《眷戀美國辭典》（ *Le Dictionnaire amoureux de l'Amérique* ），是他過世前一年對新世界的最終頌歌。對於西班牙，我寫出這部片段史，希望給讀者帶來新的感受，於願已足。

06 一二一二年拉斯納瓦斯·得多羅沙戰爭紀念碑

CONTENT 目次

前言

　　本書敘述卡斯地爾公主伊莎貝拉如何與亞拉岡王子斐迪南祕密成婚，獨自宣稱為卡斯地爾女王，到一四九二年一月完成統一西班牙大業。一四九四年，教皇亞歷山大六世賜予他們天主教君主的尊號。她擁有傑出的人格特質，與斐迪南合作無間，克服艱鉅困難，實行少女時期訂下的鴻志。她的五個子女，唯一王儲十九英年早凋，么女凱薩琳是英王亨利八世首任王后，與母親個性較相近，被亨利八世廢后過程中有英勇的表現。二女華娜嫁到低地國，來到氣候、朝廷風俗迥異的異鄉，卻碰到一位愛拈花惹草的風流夫君，遺傳基因，加上環境刺激，導致她精神分裂，被父王、兒子囚禁近半世紀之久，是歷史上著名的悲劇人物。

　　一四九二年，哥倫布獲得天主教君主的首肯，出發遠航去印度探險，卻發現了新大陸，為西班牙開啟一個新紀元。接著遠征者分別推翻阿茲迪克帝國、印加帝國，開始在中、南美洲殖民，徹底改變其歷史。

　　先祖的政治婚姻，使查理繼承龐大、分散的領土，加上美洲殖民地，他的日不落帝國使他成為歐洲最強權的君

主。須到各地巡視，疲於奔波，令他未老先衰。未能實踐他設定的宗教、政治理想，瘋母病逝，加速他棄位移權的心意。

菲利普二世與父王查理五世不同，他是典型的西班牙王子，後者是布格尼公爵。他不常出國巡邏，愛待在艾斯科利亞宮（El Escorial）認真思考、批改公文、決定國事。近親通婚的後遺症，王儲唐卡洛斯異於常人，二十三歲暴斃宮中，被陷害的黑色謠言廣泛傳播，是他心中隱痛。他的四次婚姻與英王亨利八世的六位妻子，在歷史上出了名，目的皆是想獲得王位繼承人。不過後者手段殘忍，黜后休后兩位，另外兩位則被斬首。伊莉莎白一世時期，為爭奪海上霸權英西交惡，西班牙艦隊遠征英國，因人為、氣候因素慘敗而返，在西班牙引起強烈震撼，國威盡失。

我選擇撰寫從天主教君主到菲利普二世，西班牙 ❶ 這段時期的歷史，因它塑造了現代的西班牙，其象徵意義深遠。

1 西班牙地圖

CHAPTER

I

布格尼公國

西方最後一位大公爵：
勇猛查理

二〇〇四年秋天，我們驅車去瑞士，繼續追尋瑪格麗特及祖先的足跡。

歐洲史上著名的「西方大公爵」，指的是果敢菲利普（Philippe le Hardi，1342－1402）、無畏的冉（Jean sans Peur，1371－1419）、良君菲利普（Philippe le Bon，1397－1467）、勇猛查理（Charles le Téméraire，1433－1477）四位布格尼公爵。其歷史淵源如下：果敢菲利普是法王冉二世（Jean le Bon，1319－1364）的老么，一三五六年英法波第葉（Poitiers）戰役之際，年僅十四歲的他，英勇協助父王抗敵，因而贏得英勇果敢的美譽，亦成為冉二世的寵兒。前者把布格尼賜給後者當采地，卻不知從此對法國王朝種下禍根，蓋布格尼公國因政治聯姻而擴張領土，變得強大，遂成為威脅法國的鄰國。

西方最後一位大公爵勇猛查理 **01**，執著軍事外交，野心勃勃、好大喜功、勇猛好鬥，驕傲、多疑、易衝動與動怒。崇拜亞歷山大大帝的豐功偉業，夢想與他匹敵，他們倆的父王正巧名為菲利普。一四六七年菲利普辭世時，查理繼承的

領土包括當今的荷蘭、比利時、盧森堡、法國北部省區、東部法蘭錫－康地（Franche-Comté）、布格尼（Bourgogne）、部分洛林省、小部分亞爾薩斯。他一心一意想征服洛林省，使其領土相聯結。

其盟友沙瓦公爵領土（le duché de Savoie，包括當今法國東南沙瓦省及部分瑞士領土）被伯恩及瑞士聯軍侵犯，查理欲協助盟友，故遠征瑞士。先在瑞士西部坎松（Grandson）被瑞士聯軍擊敗，敵方獲得大量戰利品，包括銀餐具、珠寶、鑽石、華服、掛氈、查理公爵鑲嵌珍珠帽、個人印鑑、教堂飾物、及一百十三尊大炮。這些財寶被分享、盜取。目前坎松城堡內一廳堂專門展示盔甲、大炮、公爵帳篷及珍珠帽。伯恩歷史博物館亦展覽部分戰利品。

摩哈戰役慘敗

被粗野的瑞士聯軍打敗，查理公爵無法忍受此「奇恥大辱」。其盟友米蘭公爵則見風轉舵，暗地與查理敵手法王路易十一世接觸。前者願意充當查理與瑞士聯軍的調協者，卻被查理一手拒絕。他重覆預計來一場轟轟烈烈、殘酷的戰爭，不是光榮勝利則視死如歸。不聽忠告、理智蒙蔽、且固執，他在洛桑重整旗鼓，四個月之後，一四七六年六月二十二日，摩哈戰役（Morat）查理公爵軍隊損失更慘，數千人戰亡。瑞士聯軍事先聲明不收俘虜，兩天之內，一一殘殺三面受困敵軍，他們被葬在公共墓穴，一些貴族名將魂斷異鄉。四年之後，遺骸被聚

01 勇猛查理畫像

集在特別建造的布格尼軍隊骸骨塔教堂。坎松失利是小挫敗，摩哈戰役幾乎埋送布格尼三分之一軍力，無疑是大災難。

摩哈戰役對瑞士聯邦歷史意義重大，各邦意識到防禦其共同利益，滋生團結意念，形成獨立國家的意願。就軍事史而言，瑞士聯軍之軍備及方陣持戟步兵戰術成為楷模，具備五公尺四長戟的步兵，這一支歐洲軍事強權，雄霸兵術達五十多年之久。

布格尼軍隊骸骨塔墓誌銘如此寫下：「獻給極偉大、極仁

慈的上帝／至布格尼公爵極著名顯赫、英勇的軍隊／至圍剿摩
哈，被瑞士聯軍擊潰至此紀念教堂為他們而建」。骸骨塔屹立
三世紀之久，一七九八年，一支遠征瑞士的法國軍隊路過摩哈，
認為布格尼士兵骸骨塔有辱法國榮耀（布格尼公國是從法國王
朝衍生出），把教堂摧毀，丟散遺骸。

南錫最後一戰

　　摩哈戰役失利後，米蘭公爵明白與查理公爵聯盟毫無利益，
因而與路易十一世簽訂友好條約，從此義大利軍援將不再與布
格尼軍隊並肩作戰。查理並不在意，再度重整旗鼓，強調對
抗法國兵、瑞士聯軍與沙瓦軍（沙瓦女公爵本來是查理公爵盟
友，後來亦鬧翻），以保衛布格尼國土。洛林公爵荷內二世則
想收復洛林公國，他招募約兩萬名戰士。查理軍隊少多了，才
三千名。一四七六年年底將近，由於天寒加上氣候不佳，逃兵
及生病者不在少數。一四七七年一月五日，洛林首都南錫戰役
（ Nancy ）布格尼軍隊再度敗北 02 ，乃預料事件，可說是自殺行
為。查理公爵戰亡，兩天之後，其不完整屍體才被確認。

　　洛林公爵為他舉行莊嚴葬禮，被葬在南錫聖喬治教堂
內。其曾孫查理五世把陵寢移到比利時布魯日聖母教堂（ Notre
Dame ）03 ，在女兒瑪麗身旁長眠。查理公爵戰亡處聳立洛林獨
立戰勝紀念碑 04 ，位於布格尼十字架廣場。紀念查理的敗北，
南錫市的標誌是起絨草（ Chardon ），象徵「無人敢碰觸」。

　　查理公爵的悲劇下場震撼歐洲宮廷，他意圖在法國與神聖

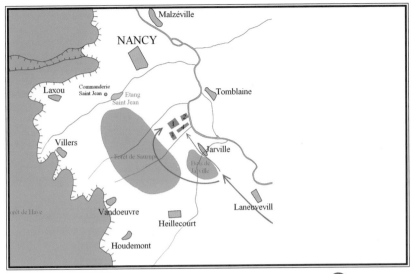

羅馬帝國之間，成立一個獨立王朝夢想亦隨之破滅。辭世時才
四十三歲兩個月，治國十年。其生命像一顆流星，黷武之王易
動，好鬥性格使他相信戰爭是政治手腕，一切皆以戰事作決定，
而忽視外交政策，散佈恐怖，對戰敗敵方殘忍。

　　堅持不懈地追求權力與專制政治，個性極端、野心勃勃的
布格尼第四位公爵有諸多綽號：勤奮工作者、兇惡者、固執者、
信仰虔誠者、貞節者。與其父良君菲利普個性成對比，菲利普
性格懶散，外交政策以妥協為主，有諸多情婦及私生子。根據

■ 1、2、3、4： 查理軍隊佈陣圖	→ 荷內二世主要軍隊進攻路線 → 荷內與聯軍另外一支軍隊從 　後夾攻

史料，查理無私生子，亦無豔聞。這位極富色彩的人物，是十五世紀歐洲最富裕的君主之一，亦是中古世紀末期最懾服人心的歷史人物；他是當時最有威望的領導者之一，極具騎士精神，人生座右銘為「我敢承擔」（J'ai osé le faire），故擁有「勇猛」綽號。十五世紀當代人物認為：他不時挑釁鄰國。

伯恩、布魯塞爾、維也納舉辦的展覽

伯恩歷史博物館於二〇〇八年四月二十四日起，展覽「勇猛查理，布格尼宮廷的奢華與衰落」，為期四個月。二〇〇九年三月下旬，展覽繼續在布魯塞爾進行。二〇〇九年九月中旬起，在維也納做最後展示。查理生前就曾與德奧皇帝菲得烈三世，商討過奧國太子馬克西米里安與他的獨生女瑪麗婚事。瑪麗與馬克西米里安成婚後，為哈布斯堡王朝開啟布格尼公國之門。孫子俊男菲利普娶了西班牙公主華娜，但英年早凋。曾孫查理五世的帝國，概括當今奧國、德國、荷蘭、比利時、盧森堡、部分法國領土、西班牙、中美洲及南美洲，可說是「日不落帝國」。

勇猛查理魂牽夢繫的野心，終於在半世紀之後於曾孫身上落實。

04 南錫洛林獨立戰勝紀念碑

03 比利時布魯日聖母教堂查理金雕墓

布格尼最後一位女公爵：
瑪麗

02 馬克西米里安公爵畫像（右）

01 瑪麗畫像（左）

　　二〇〇一年一月二十五日，《費加洛日報》的一篇
報導，吸引我的注意力。波拿（Beaune）的修道院招待所

（l'hospice），展覽「瑪麗－布格尼的遺產」（Bruges à Beaune, Marie, l'héritage de Bourgogne），誰是布格尼最後一位女公爵呢？激起我的好奇心，就這樣展開我的歷史拼圖之奇遇。

布格尼女公爵與奧地利公爵聯姻

一四七七年一月五日，勇猛查理（Charles le Téméraire）在法國南錫（Nancy）戰敗身亡之後，二十歲的獨生女瑪麗 **01**，成了歐洲最富裕、最令人垂涎的繼承者。她著名的祖先布格尼四位公爵（包括她父親）之財富、宮廷奢侈、特出人格、強權，皆令人刮目相看，加上廣闊的領土，故其婚事備受各方矚目。法王 ── 亦是其教父路易十一世 ── 卻派兵侵占她的部分領土。她以無比勇氣、堅強意志對抗，贏得人民愛戴。

一四七七年八月，與奧地利公爵馬克西米里安（Maximilien，1459 － 1519）**02** 成婚，拯救了部分領域，也重劃歐洲政治版圖疆界。雖然起初是政治聯姻，但他們過了五年只羨鴛鴦不羨仙幸福美滿的生活。馬克西米里安向友人形容嬌妻：「身材嬌小、皮膚嫩白、棕髮、小鼻、豐滿紅唇，是我見過最漂亮的女子。」她育有俊男菲利普（1478 － 1506），即未來查理五世的父親，及瑪格麗特（1480 － 1530），是天主教女王伊莎貝拉的短期媳婦。

可惜快樂的婚姻生活不長久，一四八二年三月狩獵時墜馬，這位漂亮的年輕女子生命驟然中斷 **03**。二十五歲就成為歷史的傳奇人物。

此次展覽，展示從柏林、維也納、布魯塞爾、布魯日（Bruges）、甘城（Gand）、列日、波拿、地戎（Dijon）、凡爾賽

宮、溫莎古堡、伯恩、琉森、蘇黎世等地來的作品,規模宏大。
國際性歷史人物回顧展,吸引了大批人潮,不只是當地居民;
從外地驅車前來,想追溯文化根源的參觀者亦不少。星期日一
向寂靜的街頭頓時熱鬧、活躍起來。雖然寒風凜冽,但陽光普
照,我度過一個愉快、充實的星期天。回到里昂翌晨,我去市
中心購買《布格尼瑪麗傳》。

傑出的低地國總督
瑪格麗特

瑪麗的女兒瑪格麗特（Marguerite d'Autriche，1480－1530），生於中古世紀末期、文藝復興萌芽的轉變時期。她是查理五世的姑媽，後者由她一手帶大，把他視若親生兒子。她的生命就像一部非比尋常的傳奇小說；三歲時就被送到法國宮廷，與年長她十歲的太子查理訂婚（未來的查理八世），幾年後婚約被解除。十七歲時成為西班牙公主。二十一歲時沙瓦（Savoie）女公爵。

01 瑪格麗特畫像

02 與唐璜太子在布格斯大教堂舉行盛大婚禮

03 與菲利培爾在瑞法邊境小鎮羅曼慕提爾（Romainmôtier）成婚

兩度成為寡婦

她一誕生就成了父王馬克西米里安的政治籌碼：一項條約使她成了法國未來王后，但查理八世為了合併布列顛尼（Bretagne），而計劃與布列顛尼女伯爵安娜聯姻，於是把十一歲

的瑪格麗特遣返低地國。一四九七年被嫁給西班牙王位繼承人
唐璜太子 02，六個月之後，丈夫不幸逝世，結束美滿幸福的短
暫婚姻。一五〇一年與沙瓦公爵菲利培爾（Philibert）成婚 03，
但三年之後，愛夫因胸膜炎驟逝，二十四歲時再度成為寡婦。

向卓越的一流政治人物學習

　　瑪格麗特在法國數年居留時期，受到路易十一世長女安娜
（Anne de France）的教養、栽培。於西班牙三年停留期間，細心
觀察卡斯地爾女王伊莎貝拉的治國術，銘記在心。哥哥菲利普
一五〇六年在西班牙辭世，妻子華娜失去神智，低地國權力真
空，且有四名幼童待撫養。查理（未來的查理五世）六歲時就
成為布格尼公爵與低地國君主。一五〇七年，瑪格麗特被馬克
西米里安賦予攝政低地國及教養四名姪女、兒的重任。

從此在歐洲政治棋盤扮演重要角色。聰穎地沿襲先祖西方大公爵（Les Grands Ducs d' Occident）的一貫政策。一五一九年一月，馬克西米里安過世後，英王亨利八世、法王方沙一世，與查理五世爭奪神聖羅馬帝國皇位。她以精練的政治手腕收購諸侯與大主教，姪兒查理五世獲得多數票當選。

馬黎朝廷 04

她的朝廷在當今比利時的馬黎（Malines，法文。佛朗曼文是梅舍連〔Mechelen〕），由兩百人左右組成，是權力所在，亦是人文、藝術薈集中心。瑪格麗特酷愛音樂、舞蹈，收集名畫、地毯、掛毯、珠寶、珍貴手稿、餐具，擁有一間圖書館。處理公事之餘則作詩自娛。藝術是避風港，讓人們超越現實，且較能接受平淡、繁瑣的日常生活。她的生活規律、充實地活在上帝賜予的時時刻刻。若不須主持會議時日，她接見庶民；早上兩小時期間，接見、專注聆聽、回應百姓的訴求。後者會呈獻小禮物，她以錢幣致謝回報。關懷民間疾苦、深獲人民愛戴。

由於義大利那不勒斯王國歸屬權糾紛，查理五世與方沙一世是敵手。一五二九年八月，瑪格麗特代表查理五世，與方沙一世精明能幹的母親露易絲（Louis de Savoie），在法國甘培（Cambrai）簽訂和平條約，議被稱為「女士和約」（La Paix des Dames），這是她最卓越的成功外交。

一生傑作：布魯教堂

她一生最偉大的傑作，即興建布魯（Brou）教堂及皇家修道院（位於法國東南部 Bourg-en-Bresse 市郊外）。日理萬機之餘，瑪格麗特懷念英年早逝的夫君菲利培爾公爵，譜成羅曼蒂克的哀怨詩篇，思憶舊情激發了她的宏偉建築靈感，成為中古世紀的重大事件。

其婆婆 —— 布本王朝的瑪格麗特（Marguerite de Bourbon，1438 － 1483）曾經許願，狩獵負傷的夫君若痊癒，將在一個簡陋的隱修院建造一座教堂及修道院。誓願未完成即過世，她傳承給兒子，但菲利培爾早逝。後者辭世一年之後，瑪格麗特決定實踐婆婆及她對夫君允諾的願望。

從一五〇六年起，二十六年期間，她在低地國派遣、僱用著名藝匠、工頭。她要建造一座像詩一般，讚美期望，歌頌愛情的聖殿。教堂細緻精美的石雕饗宴，象徵死神提早到來，拆散高貴美女俊男的恩愛夫妻。教堂外觀是宏偉哥德式建築。陵墓石像栩栩如生 **05**，神情安詳，瑪格麗特的人生座右銘「幸與不幸皆是命運」被刻在墓碑上。教堂一五三二年才完工，可惜瑪格麗特於一五三〇年因腳傷壞疽與世長辭。歐洲朝廷皆公認他們痛失一位卓越的政治人物；她不僅具有一流的政治頭腦，且心地善良，經常阻止衝突發生。

05 栩栩如生的石雕墓像

踏尋瑪格麗特的足跡

　　梅舍連小城位於布魯塞爾東北部，我們於二〇〇四年夏季比利時之行特地去踏尋瑪格麗特的足跡。瑪格麗特外公勇猛查理（Charles le Téméraire，1233－1477）於一四七三年在此鎮設置審計法院，及布格尼屬地之國會（Le Parlement des Etats），因而成為重鎮。瑪格麗特選擇梅舍連為朝廷所在地之後，它加速繁榮，甚至達到巔峰期。起初，她在姪兒查理未成年時代他攝政，後者登上皇位後須管轄龐大的帝國版圖，還繼續請姑媽當低地國總督。

本來聳立在市政府前面大廣場瑪格麗特石雕像，暫時被移走，我們在附近找到。她左手持執著「女士和約」檔案，拍個照作紀念。瑪格麗特王宮建於一五〇七年，是文藝復興式參混哥德式的紅磚建築。拱廊圍繞著內部庭院，予人一種靜謐的協調美感。此宮殿於一七九六年成為法院。

CHAPTER

II

鞏固王權

卡斯地爾公主伊莎貝拉：
企圖心強的性格奇女子

　　西班牙最高、圍有城牆的亞維拉（Avila）西北部一個叫
Madrigal de las Altas Torres 的小鎮，一四五一年四月，伊莎貝
拉在一座寧靜的修道院誕生 **01**。母后伊莎貝拉是葡萄牙公
主，是父王璜二世的第二任妻子。為何王室會居住在修道院
呢？我們當今很難想像，中古世紀宗教勢力融入政治、社
會，主教參與、干涉政治是常事。宗教與政治密切結合、
糾纏不清。

修道院巡禮

　　輕扣聖母恩賜修道院木門，五分鐘之後，一位笑容可
掬的修女來開門。我問能否以英文講解，她試著以不甚流暢
的英文帶我們穿過迴廊。我聚精會神聆聽，步行時則凝思，
任想像力馳騁飛躍。我們是唯一的遊客，像我這般滿腔熱
忱、興致高昂，走訪外國觀光客罕到的歷史勝地，著實不
多。伊莎貝拉出生的小房間堪稱簡樸，沒窗戶，陳舊的紅
地磚，無掛氈的空白牆壁懸掛一個耶穌的象牙十字架，那時

02 美國德州貝扎爾郡致敬——伊莎貝拉贊助哥倫布發現新大陸

01 伊莎貝拉誕生的修道院

的君主臣民何等虔誠。

　　隔壁大廳堂正中央掛著伊莎貝拉與夫君斐迪南的畫像，雖然粗簡，據說唯妙唯肖。左右邊則是查理五世私生女和他私生子之私生女，身為皇家貴族，但非正式的名分使她們遠離繁華塵世，遁入森冷的空門。穿越時光隧道，窺探其內心祕密：反叛、無奈、哀怨、認命，或者篤定、樂觀、奉獻、熱忱。

　　修道院外牆懸掛一鐵牌：一九八四年美國德州貝札爾郡（Bexar County）**02**，向伊莎貝拉女王的聰慧、膽識、熱愛人類及基督教致敬，她大力協助與貢獻一四九二年十月十二日發現新大陸之壯舉。

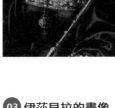

03 伊莎貝拉的畫像

童年、青春期

中古世紀時卡斯地爾王朝時常在阿瑞法羅（ Arévalo ）居留。其顛峰時期是在璜二世（ Juan II，1405－1454 ）統治時代，此鎮成為伊莎貝拉 **03** 的歸屬地。三歲多時，父王駕崩，她和弟弟阿方斯（ Alphonse，1453－1468 ）與母親在阿瑞法羅度過童年。一個人的童年生活對其日後人格之形成有重大影響。她與阿瑞法羅有深厚的情感因緣，數度稱它為「我的城鎮」**04**。雖與母親住在王宮，但親近人民，與平民女子包巴迪雅（ Bobadilla ）友誼長存。十歲時離開此鎮，但時常回來探望母親。一五○四年，她的葬禮行列往格納達南下的第一個停留站即是此鎮，她向阿瑞法羅告別。二○○四年七月至十月，此鎮舉辦紀念西班牙國

母伊莎貝拉逝世五百週年展覽。

母親伊莎貝拉原是葡萄牙公主，未及三十歲即成寡婦，她傑出、個性堅強、精力充沛，可惜退隱在阿瑞法羅城堡，不再享有往昔宮廷榮華富貴。孤獨、挫折、哀怨、抑鬱、瘋狂而終。

我們於二〇〇九年夏季再度來此鎮，踏尋伊莎貝拉的足跡。把車停放王家廣場附近，欲尋找舊王宮遺址。先到位於廣場的派出所詢問，一位警員很熱心地用英文與我交談，他送我一張鎮圖。一五二四年，查理五世把王宮贈予修女修會。可惜十九世紀中旬時一場祝融把它摧毀。伊莎貝拉經常駐足停留的聖方濟斯哥修道院，亦是母后一四九六年辭世後陵墓所在地，已成

04 伊莎貝拉在阿瑞法羅的雕像

了斷牆殘瓦的廢墟。父王及母后遺骸被移到布格斯郊外米哈佛洛荷斯修道院（Miraflores）05。

　　我們的主角伊莎貝拉公主，遺傳母親勇敢、堅毅的性格。童年時培養虔誠的宗教情操，個性拘謹、行事慎重。十一歲時與弟弟被召到同父異母哥哥亨利四世宮廷居留、學習，當時宮廷沒固定在一城市。亨利四世軟弱無能、優柔寡斷，朝廷生活糜爛，王權被嘲弄，貴族、大臣囂張。伊莎貝拉默默觀察、記取教訓，意圖重建王室權威。她面貌平庸、中等身材，但具有一流的政治手腕與治國本領。對本身價值自視甚高，懷抱統一西班牙野心。

05 **米哈佛洛荷斯修道院（Miraflores）：**
卡斯地爾璜二世及王后墳墓石雕

伊莎貝拉當初非父王璜二世的王位指定繼承人。哥哥亨利及其子女，其次是弟弟阿方斯及其子女皆有優先權。亨利於一四五四年登基成為亨利四世，首次婚姻無子嗣，第二次婚姻，人們懷疑華娜非其親生女，是王后與愛臣私通的結晶。一四六八年，阿方斯十五歲時染上黑死病往生 06。十七歲的伊莎貝拉自稱為王位繼承人：「伊莎貝拉，蒙主恩。是公主及卡斯地爾和雷歐（Castille et León）王國合法繼承者。」以「我是公主」簽名。托雷多主教及維樂納侯爵（marquis de Villena），慫恿她自稱為女王，精明的她運用不觸犯亨利四世的王權格式。無堅強意志的亨利四世亦正式賜予阿斯杜利斯（Asturies）公主的封號。此舉顯示其謹慎態度，僅要求合法正式的權利與頭銜。

與亞拉岡王子斐迪南祕密聯姻 07

亨利四世為伊莎貝拉選擇夫君，但她心中早有藍圖大計。雖然才青春十七歲，但想實現自訂的任務：成為卡斯地爾女王，使卡斯地爾成為強權，政治考慮是其婚姻條件。卡斯地爾位於伊比利半島中心位置，政治統一步驟為：與葡萄牙或與亞拉岡合併。葡萄牙國王是三十六歲的鰥夫，亞拉岡王子則小他一歲，伊莎貝拉不難做決定。

歷史上稱謂的亞拉岡王國，包括首都是札哈哥札（Zaragoza）的亞拉岡王國、瓦勒西亞王國（Valencia）和加泰隆納公國（Cataluna），這三個不同單位形成。它亦追求擴張領土政策，西部受限於人口、土地皆略勝一籌的卡斯地爾王國，而無法拓

06 阿方斯石雕墓

07 伊莎貝拉與斐迪南當年在華拉杜立德祕密成婚的貴族宮殿

展，只能向東地中海地區圖謀。十五世紀時，已擁有西西里島、薩丁尼亞島及希臘一部分領土。加泰隆納水手在地中海極活躍，征服領土帶來商機。巴塞隆納是此商業帝國的首都、港口、工業中心。

　　伊莎貝拉違背亨利四世意旨，意味與他決裂。亞拉岡王子斐迪南與隨從喬裝成馬夫、商販，往卡斯地爾方向潛行。兩人於一四六九年在華拉杜立德（Valladolid）祕密成婚。伊莎貝拉與斐迪南是親戚，必須有教皇諭旨才能結合，卡利尤主教（Carillo）偽造一份；他深信兩者成婚之後一定與他共同統治，殊不知，未來的天主教君主早就決定獨自掌權。主教氣憤感慨之言：「她受我保護時還是個在紡織的小女孩；看她這麼報答我，我將把她送回紡織機前！」

一場奇特的
加冕典禮

　　初次去塞哥維亞（Segovia）時，住的旅館就在主要廣場。因沒走到鎮外，竟不知它是建在山岩頂端上。四年後再度重遊此鎮，旅館Parador建於對面一山丘上，從陽台可遠眺雄偉壯觀的羅馬輸水道，視線往右移就是大教堂，阿拉伯式皇宮（Alcazar）聳立在山岩尖端 **01**。傳說中塞哥維亞創建於公元前一〇七六年，不過兩千年前羅馬人來臨時，它才有真正的歷史。

　　我們把車子停在羅馬輸水道前面道路兩旁特設的停車處，旅客詢問中心就在路邊，他們常常會問是從那個國家、城市來的。往鎮中心是斜坡，我們慢慢前進，來到一條狹窄的商業街，行人幾乎摩肩接踵，原來七月一日起，商店大減價，我駐足光臨衣服、皮包店。這條熱鬧的商業街盡頭即是主廣場，我不禁陷入歷史的懷抱裡，回溯到一四七四年十二月十三日，伊莎貝拉在這廣場自立為卡斯地爾女王的情景。

01 阿拉伯式皇宮

歷史意義重大的主廣場 02

　　亨利四世於一四七四年十二月中旬駕崩。伊莎貝拉早已預
知、準備一切，當時在塞哥維亞，她了解須立即採取行動，因
攸關她生命中最重要的決定。斐迪南正在亞拉岡助父王一臂之
力，她拒絕等待其歸來。為了確保其權利，承擔王位重任，決

定採取迅雷不及掩耳方式，先下手為強。她計劃在主要廣場獨自宣誓為卡斯地爾女王，斐迪南只是侍衛王子，讓大家對既成事實措手不及。

隔日清晨，她著白服在大教堂為亨利四世隆重舉行追思彌撒。接著趕回阿拉伯式皇宮，刻意更換錦衣華服，戴上珍貴珠寶。一行人馬經過迂迴彎曲的小道，喇叭、短笛、鼓聲喧天價響中，奔向主廣場，一位親信高舉閃閃發光的正義之劍，為她開路。她正值二十三芳華。

臨時搭起的看台中央放置一華麗王座，皇家旗幟在冷冽晴天中飄揚，當她戴上王冠時，傳令官的叫聲響徹雲霄「卡斯地

02 塞哥維亞主廣場

爾！卡斯地爾！伊莎貝拉，卡斯地爾女王，斐迪南，她的合法
丈夫」。伊莎貝拉宣誓遵守教會指令、貴族及城鎮的自由與特
權，監視王國福祉及提倡正義。她被正式宣稱為「卡斯地爾女
王與地主」**03**。我們可想像她當時的心境：上帝指派她接受最
高權位。為感謝上天，她攝政的第一個行動，即到廣場上的米
契爾教堂致上虔誠謝意，發誓履行高貴的使命。接著派遣使者
到各城市宣布其加冕成女王，且請他們派代表來塞哥維亞宣誓
效忠。

　　塞哥維亞的居民、代
表及一些次等人物，參與
宣誓典禮，卻沒一位貴族、
大臣。大家對這迅速的既
成事實感到驚訝，未經諮
詢、提供保障的王權快速
移交方式。伊莎貝拉就是
想避免與王國重臣商討王位
承襲條件，及必然的討價
還價。她認為王權傳承非
交易行為，更不能妥協。

斐迪南差點拂袖而去

　　驕傲受挫、自尊心受
損，斐迪南**04**十分不滿，他的名分只是侍衛王子。他相信一

04 斐迪南畫像

03 加冕典禮

旦與伊莎貝拉登上王位，將是由他承擔統治責任，認為女人不能理政治國。兩人有過激烈的爭議，斐迪南強求以卡斯地爾國王名義聯合統治，認為其權利與伊莎貝拉同等，因他是塔斯達摩爾王朝（Trastamare）男性繼承人（斐迪南母親是卡斯地爾人）。但他被告知亞拉岡王國女性無繼承權，卡斯地爾王國則無此禁令。若只保留繼承權給男性或女性繼承者的夫君，王國前途將落入外人手中而堪憂。

　　若不答允其特權，本來威脅放棄一切回去亞拉岡。兩人關係幾近破裂邊緣，伊莎貝拉無法承受在這關鍵時刻的分離，請

05 伊莎貝拉的皇冠

卡利尤大主教及蒙德札樞機主教當和事佬，斐迪南才釋然。終
於在一四七五年元月中旬，達成「塞哥維亞協議」，它是新政
權的憲章。確認一四六九年的婚姻條款；另外附加提昇斐迪南
威望的規定，他被賦予國王尊號。所有公文皆以國王與女王之
名發布，國王之名列於女王之前，但卡斯地爾軍徽則排列在前。
由女王提名、任命軍職、文職；稅收使用由兩人共同決定；內
政由兩人名義決策；兩人亦共同主持司法，分開時，以同等權
威執行。

你我皆一樣

　　若非伊莎貝拉的耐心、策謀及兩人的政治明智，統一西班牙的夢想將毀於旦夕。塞哥維亞協議解決了嚴重危機，某些貴族雖然表面接受新政局，但窺伺兩位年輕君主起勃谿，以削弱王權從中謀利。但伊莎貝拉與斐迪南從此團結一致，形成不可分離的一體、一個意志，一些陰謀詭計將無從得逞。其箴言：「你我皆一樣」（tanto monta）題刻於建築物、貨幣。至今人們難以區分是誰做了那項決定。

　　由於其果敢、膽識，加上利用宣傳效果，伊莎貝拉成功地登上卡斯地爾女王寶座 **05**，但尚有一大片國土待征服。她雖然身為女性，但具有男性的堅強意志與心智。

西班牙王位繼承戰：
圖合戰役

　　我們抵達圖合鎮（Toro）時是正午，太陽火辣辣、日頭赤炎炎。街上行人如織，一條酒街蠻熱鬧，咖啡館、酒吧的露天座，坐滿喝冷飲、聊天、抽煙的西班牙人 **01**。此鎮不是觀光景點，故沒什麼外國遊客，我們先去遊客諮詢中心索取地圖、資料。我也在一教堂購買圖合鎮的英文指南。此鎮有不少阿拉伯式、羅馬式教堂 **02**，參觀了幾座教堂，遠眺羅馬古石橋 **03**。

　　十四世紀中旬，一位葡萄牙公主創建聖神皇家修道院（Monasterio de Sancti Spiritus El Real）。一三七三年失去王位的葡萄牙王后貝雅崔姿（Beatriz），來此修道院避難、放逐，她擴添一皇宮，度過餘生，葬於此。它受到歷代卡斯地爾、西班牙王室垂青，他們來朝聖、避靜、居留。想去參觀，但須等到下午四點半才開放，只好作罷，祇在庭院內逛一逛。

　　再度經過主廣場時，商店、露天咖啡座皆已關門，街道頓時變得冷清死寂，大家都午睡去了。與幾小時前的喧嘩、活躍成了強烈的對比，這真是西班牙的特色。

01 圖合主要街道

03 羅馬古石橋

　　圖合戰役是西班牙歷史的轉捩點，它鞏固、確立伊莎貝拉卡斯地爾女王王位。她於一四七四年十二月在塞哥維亞，自立為卡斯地爾女王時，許多王公大臣並沒參加這項自導自演的宣

02 美麗的教堂

誓典禮。

葡萄牙王爭議伊莎貝拉的合法王位

　　這一年年底，葡萄牙王阿方斯五世（ 1432 － 1481）邀請卡斯地爾王公貴族，承認其外甥女華娜（ Juana la Beltraneja，1462 － 1530）是合法王位繼承人。後者是亨利四世的女兒，但

諸傳她是行為放蕩王后（原是葡萄牙公主）與國王寵臣的私生女。阿方斯準備舉兵入侵卡斯地爾，其軍隊有非洲長期作戰的經驗，葡萄牙國內和平，無王位繼承問題，王太子到時可率領後援兵來助陣，這是一支強大、團結的軍隊。

至於卡斯地爾這邊，面對強敵，情況不佳，處於劣勢，不及五百名士兵。伊莎貝拉希冀以外交途徑尋求解決之道，她亦是葡萄牙公主之女，想以個人出身打動阿方斯。一四七五年五月底，阿方斯與十三歲的外甥女結婚（只是形式），被宣布為卡斯地爾國王與王后，且向卡斯地爾神職人員、貴族、各城市通報：亨利四世女兒華娜是王位繼承者；且詆毀伊莎貝拉毒害亨利四世。

伊莎貝拉與斐迪南如何轉敗為勝 04

伊莎貝拉與斐迪南並不洩氣，反而精力倍增，下定決心與之一戰。他們宣稱助敵的卡斯地爾貴族為叛徒。兩人分工合作、四處奔波、招兵買馬，伊莎貝拉因而流產。這是一場攸關他們前途命運的戰役，斐迪南深知情況緊急、嚴重而立遺囑。葡萄牙入侵卡斯地爾，安達魯西亞與西南部邊境省區、卡斯地爾部分區域靠敵，法國支持葡萄牙。兩個月之後，他們招募了一支三萬名的騎兵、步兵軍隊。

糧食供應不足，軍隊雖然龐大，但缺乏紀律、訓練、難操作，未戰已先潰散。他們記取教訓、檢討策略、再接再厲。駐守圖合的葡軍採取不動守勢，時間讓伊莎貝拉與斐迪南充分準

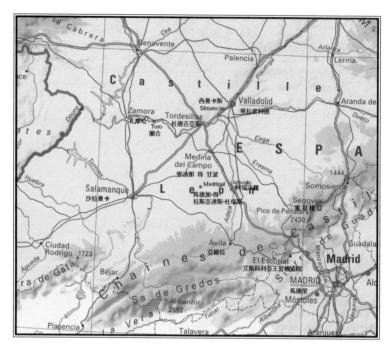

04 圖合戰役伊莎貝拉活動地圖

備。戰事耗費浩繁，他們抵押個人珠寶，把教堂銀器暫時充公，且允諾三年後歸還，她後來果然實踐諾言。此項前瞻性的措施募集了巨款，從德國、義大利輸入大炮裝備，軍隊有薪俸、也受到訓練。一四七五年年底，他們擁有一支一萬五千名操練強、有組織的軍隊，而不是當初的烏合之眾。

伊莎貝拉守在杜德吉亞斯（Tordesillas），指揮可阻攔敵方援兵的動隊騎兵；斐迪南則攻占圖合西部、離葡萄牙邊境不遠的札摩哈（Zamora），以壟斷葡軍的後援基地。卡斯地爾一些重臣

貴族紛紛見風轉舵。葡王意識到情勢不妙，希望和解。歐洲朝廷密切觀察這場葡、卡斯地爾衝突。卡斯地爾王國前途、王權與這場戰役息息相關，他們不能後退，懷抱「赴湯蹈火」的決心與毅力 05 。

西班牙歷史上決定性的戰役 —— 一四七六年三月一日 —— 在圖合郊外展開。污泥、劇寒刺骨的細雨、刀劍交加，雙方君主激昂士氣。站在敵方的托雷多主教卡利尤（Carrillo），挺西班牙的蒙德札（Mendoza）主教，皆著鋼盔、鐵甲參戰。這場混亂的血腥戰賠掉一萬條人命，當時是龐大數目。雙方各自宣告勝利，但葡軍漸漸失勢，葡王見大勢已去，決定撤兵。勝利日斐迪南傳訊給伊莎貝拉：「這一晚，上帝賜給您整個卡斯地爾」。

隔日清晨，伊莎貝拉在 06 杜德吉亞斯獲悉告捷消息。立即召集教士，她赤足從王宮步行到聖保羅修道院，盛大舉行致謝、感恩典禮。他們發誓在托雷多建造一座聖璜修道院（San Juan de los Reyes）07 。

05 戰爭紀念碑

卡斯地爾其他地區尚未平撫

葡萄牙入侵卡斯地爾，當初預想激起王國造反伊莎貝拉與斐迪南。一四七五年初期，伊莎貝拉與斐迪南在卡斯地爾情勢相當孤立，他們尚未控制大部分領土，許多地區處於觀望狀況。還須四年時間，才一一克服抵抗區域。

被迫參與的圖合戰役，使他們獲得珍貴的戰事經驗，夫妻密切合作、鼓勵，步步為營，對未來的戰役裨益甚多。他們在

歐洲的威望大幅提昇，壓輾國內叛變，後者大量依歸，伊莎貝
拉原諒那些叛徒，她有鴻圖大計待實行。葡萄牙已不再是嚴重
的威脅，他們可安然去建造、鞏固其王國。

華娜一世為愛瘋狂、
受情折磨

我們數度七月去西班牙做文化之旅，每天皆豔陽高照。來到杜德吉亞斯（Tordesillas）時，烈日當空，陽光一瀉百里，我帶著寬邊草帽及遮陽鏡去探究、見證此城的歷史。當車子駛入此鎮時，道路兩旁掛滿紀念華娜一世抵達、居留此鎮五百週年（一五〇九年至二〇〇九年）旗幟 **01**。慶祝活動長達一整年（二〇〇九年三月至二〇一〇年三月），活動節目精彩豐富、廣泛，包括歷史回顧展、當代服裝、文物展、遊行、音樂晚會、中古世紀市集、歐洲專家組成的國際會議……等。

此鎮與兩樁歷史事件相關

一四九四年六月七日，卡斯地爾王國與葡萄牙王國，對於大西洋南方已發現和將發現的領土，在杜德吉亞斯簽訂建立個別勢力範圍條約。此協約稱為「杜德吉亞斯條約」**02**，南美洲西半部歸卡斯地爾，東半部歸葡萄牙。故當今智利、阿根廷講西班牙文（卡斯地爾文），巴西則講葡萄牙文之歷

史淵源。此條約表達雙方的避免利害衝突意願，及發揮伊比利半島的互惠、博愛精神。簽約場所已成為條約博物館。

　　華娜 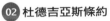女王一生哀怨、命運悲慘，是歷史上的悲劇人物。被父王斐迪南與兒子查理監禁四十六年，雖有女王之名，卻從未統治過，是家族遺傳與政治奪權的犧牲者。她是天主教君主第三個孩子，於一四七九年十一月六日在托雷多（Toledo）出生，外貌像祖母，但個性卻像後來發瘋的外婆。她聰明、智力早熟，有語言天賦，精通拉丁文。像外公一樣喜愛藝術，舞藝不錯，熱愛音樂，彈奏數種樂器，往後不幸歲月裡，樂音是她唯一的慰藉。目前西曼卡斯（Simancas）國家文物中心保留她的個人用品，包括羽管鍵琴（clavecin）、管風琴、吉他。伊莎貝

02 杜德吉亞斯條約

01 主廣場紀念華娜一世抵達、居留此鎮五百週年布條

拉與斐迪南愛在大使及達官貴人面前炫耀這位傑出女兒。但她敏感、愛嘲弄、孤僻個性，與母親的明智個性迥異，母女不太親近，對父親卻很忠貞。

婚後成了不幸的情癡

一四九六年夏天，政治婚姻政策的安排下，約兩萬人伴隨她搭船浩浩蕩蕩遠赴低地國，與布格尼公爵菲利普（Philippe le Beau）04 結婚。鑑於其年輕、個性，伊莎貝拉精心挑選女兒未來宮廷成員，對西班牙效忠的親信、重臣，他們又各帶其隨從，故人數龐大，以輔助未來的公爵夫人執行西班牙的外交政策任務。

華娜與菲利普一見鍾情，兩人熱情如火，等不及正式婚禮，就請華娜個人隨行神父簡單舉行象徵性婚禮，旋即入洞房。自從成了他的妻子之後，她也成了他的情癡、情囚，他是她的生活重心與人生目標。

伊莎貝拉給女兒的信件皆祕密被拆開、閱讀。華娜從未參加政治會議，亦不被告知政治決定，她甚至感覺人們故意隔離她，其生活就只關心丈夫，這些不適感，她難以向母親啟齒。

她的西班牙侍僕、隨從被換走，菲利普事先不與她商量，只是事後告知，接受既成事實。完全被他著迷，受他驅使，屈服他的意志力。她的父母、甚至上帝皆無法破除她與菲利普的婚姻關係。非相互的熱情造成她的不幸，他並沒善待她。

婚後不及一年，菲利普就恢復單身生活，華娜雖然猜疑，

03 華娜畫像　　　　　　**04** 俊男菲利普畫像

但不想知道。他害怕她暴風雨似的激情，他們的婚姻觀迥異，
她的角色只是替哈布斯堡王朝傳宗接代，怎能約束他的風流行
為，歷代王公貴族的婚外情是常例，他們的另一半大都能接受
（至少表面上），為何華娜竟如此嫉妒，占有慾特別強。他無法
承受她過份的深情關切，變成他的負擔、束縛。他變得不耐、
粗暴、兇悍。她委曲、不滿、抗議，在他面前卻噤若寒蟬。

西班牙王位繼承者

　　西班牙王位繼承者唐璜於一四九七年十月過世，華娜的大
姊、外甥亦相繼去世。一五○○年華娜成為王位繼承者，這是

伊莎貝拉最擔憂、最不願期待的結局。因菲利普熱愛法國、期望和平、厭戰，親近法王路易十二世。在他岳父母眼中成了外人、敵人、干擾者。且華娜婚後不過問政事，意味將是菲利普掌權、統治，諸多因素讓西班牙朝廷緊張、不安逸，但人算不如天意。

伊莎貝拉與斐迪南催促女兒與女婿盡快來西班牙，認識菲利普，教導他們治理國事，也讓議會承認王位繼承權。一五○二年五月，他們終於來到托雷多，在大教堂宣誓效忠，菲利普是未來女王和王國擁有者的合法丈夫。接著，他們到亞拉岡王國進行一樣的承認、宣誓儀式，但附加一條款：若亞拉岡國王斐迪南成了鰥夫，或再婚後有了男嗣，後者比華娜有優先權。與卡斯地爾不同，亞拉岡王國不甚歡迎女性治國。

華娜無法容忍夫君棄她先回低地國

西班牙嚴謹的宮廷禮儀，讓不愛紀律、輕浮的菲利普受到拘束。辦完公事後，他急著回國。華娜再度懷孕，伊莎貝拉想盡力挽留女兒與女婿，以華娜不便遠行，但菲利普還是決定獨自成行。華娜聞訊如受雷擊，墜入痛苦深淵，為妻的驕傲被踐踏。她感到恐慌、被遺棄、焦躁不安，他難道無法等待孩子出生後再一同歸國。她哀求、哭訴，卻換來他的厭煩、憤怒。他無動於衷，照原計劃執行。伊莎貝拉對女兒婚姻成功希望破滅。

菲利普一離開西班牙，華娜像正樑歪倒的房子，失魂落魄，陷入絕望悲傷、冷漠、沉默不語、失眠，不思飲食、消瘦。這

05 華娜在拿蒙達城堡居留數月

些症狀可能是往後精神分裂症的前兆，但當時認為由於她懷孕才會有這些現象，大家期待孩子一出生後，就會恢復正常。但是情況更糟，一思及夫君會照樣對她不忠，她心如刀割，如受酷刑，一心一意只想快速回去守住他。在拿蒙達城堡 05 ，她下令整裝、打包、備馬出發上路，命令無法執行時，她自我折磨、懇求，不接受母親目前無法成行的解釋。她成了大家的考驗與苦惱。

　　受這件事打擊最大的是伊莎貝拉，「她像長爛果的樹」，大家看女王因家庭問題痛苦而替她難過。母女兩人個性、觀念南轅北轍，伊莎貝拉眼光遼闊，認為天生位居高位者，犧牲是一種職責。她一生皆以國家統一為目標，發覺親生女兒藐視此種思潮，以滿足個人慾望為主，令她震驚。華娜為情困擾很不得體、失態，近乎淫穢；華娜認為母親無心腸、人性。母女數度

見面、激烈衝突，伊莎貝拉發燒、生病、臥床。

離開西班牙，經過法國、瑞士、奧地利、德國，將近一年之後，菲利普才回到布魯塞爾。在他的腦海裡，其西班牙王位繼承權完全依賴華娜。伊莎貝拉一旦去世，華娜成為女王，可能永遠離不開西班牙，可能落在斐迪南手中，而後者是他的敵人；最佳計謀即召回華娜在他身旁。一封夫妻須團圓信件，搞得華娜久旱逢甘霖，心花怒放。他期待她，他還愛她，她是他的真愛，歸夫君懷抱心似箭。

夫妻團圓只是假象

千里迢迢回到低地國，華娜興致高昂，滿懷希望，憧憬重聚狂喜。但夫妻關係比往昔更惡劣，菲利普擁有新情婦；一天，華娜撞見她在閱讀信件，立即推測是丈夫寫的情書，下令交出，後者不但拒絕，且撕破、吞下。華娜怒火上升，拿起一把剪刀！把情敵金髮剪得精光，甚至出血。菲利普聞訊，痛毆妻子，華娜病了數日。此醜聞在歐洲宮廷淪為笑柄。

菲利普奸詐、存心不良，囑咐親信記載華娜極端情緒、怪異行徑，譜成日記。還派遣此親信到西班牙，覲見伊莎貝拉與斐迪南，呈獻日誌，且繪聲繪影、加油添醋地描述；前者明白女兒婚姻已無法挽救，兩人發燒、病入膏肓，斐迪南痊癒，但伊莎貝拉每下愈況，終於在一五○四年十一月下旬與世長辭。

菲利普只當五個月卡斯地爾王

華娜與菲利普於一五○六年四月下旬抵達西班牙，接掌政

權。卡斯地爾王公貴族，在天主教君主統治三十年期間，王權擴張，雖然有怨言但不敢囂張。一旦伊莎貝拉離開政治舞台，群龍無首，斐迪南不再是卡斯地爾王，他一向被視為外人，在卡斯地爾不是很受歡迎；故前者極力靠攏菲利普，意圖操縱他及重獲失去的特權。斐迪南與菲利普簽下兩項協定：（一）斐迪南放棄統治且同意離開卡斯地爾。（二）第二項是祕密性：兩者同意摒除華娜。斐迪南於是回去亞拉岡，他像是被打敗了。

　　一位看過菲利普手相的老嫗，道出奇怪的預言：「他死時在卡斯地爾走過的路，比生前更多。」（事實的確如此，他的棺

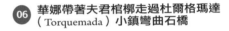

06 **華娜帶著夫君棺槨走過杜爾格瑪達（Torquemada）小鎮彎曲石橋**

椰走過整個西班牙，被葬在格納達）。一顆慧星連續在漆黑的夜空閃爍三夜，「黑死病或一位王子之隕歿」──一位主教對菲利普如此解釋。奇異詭譎的徵兆到處發生，酷熱的夏季，瘟疫**蠢蠢**欲動，伺機襲擊，大地籠罩著一層不祥的感覺。

不適、發燒、沒胃口、震顫、吐血，當死神降臨時，祂是不顧你的權勢、年輕、美貌、財富，菲利普遽逝。王國瓦解、混亂，變成無政府狀態。此時斐迪南在義大利（他亦是那不勒斯王國君主），他預測菲利普之統治是災難降臨，但未料到結局如此快速。

愛恨、懊悔、失落情緒交織，華娜的世界崩潰，生存理由不再。夫君之死震盪其精神，她選擇孤獨，避不見人，卡斯地爾行政官西司內荷斯（Cisneros）請她治理國事，後者拒絕採取行動，亦不召集議會。她沒受到成為統治者的教育，意志薄弱，或可解釋對斐迪南忠誠，一切等父王到來，再做決定。

她帶著棺槨，一群人浩浩蕩蕩隨行，朝格納達去下葬 **06**，菲利普吩咐死後要葬在伊莎貝拉身旁。傳言她等待夫君還陽，但他沒醒來。漫無目的地在卡斯地爾鄉間小鎮遊走 **07**，每到一鎮，就舉行追悼儀式。女人被禁止靠近教堂，她一天去數次教堂，菲利普現完全屬於她。她焦急地等待斐迪南的歸來。

關於她數度開棺的傳聞，她命令打開兩次棺木，非滿足病態的好奇心，而是想確信佛朗曼人是否竊走菲利普的遺體；謠傳他們有此企圖。至於她帶著棺木夜間旅行，可解說卡斯地爾白天氣候燠熱，當時衣料為厚重織物，不像現在有合成纖維輕便衣著。

07 遺腹女、未來的葡萄牙王后凱薩琳
在杜爾格瑪達小鎮誕生

08 華娜女王手持王冠銅像

摯愛父王把她軟禁

父女終於相會，相擁而泣。父親是除了菲利普之外 ——
她的最愛，她把政權完全交給他，斐迪南輕而易舉地成了攝政
王。華娜未知將來會如何發展，她何時才起疑父親的詭詐呢？
可能慢慢察覺。她感覺像在低地國一樣被監視，父親起初還對
她以禮相待，後來派兵挾持至杜德吉亞斯宮廷城堡，從此被監

禁四十六年。

一五一六年斐迪南過世的消息故意被隱瞞。她於一五五五年四月辭世。此城堡已被摧毀，現成為公園，有一座華娜女王手持王冠銅像 08，事實上她從未治理國政，王冠不在頭上，正是有名無實王權的真切寫照。

華娜的悲慘故事被編排歷史戲劇、電影、歌劇、小說。她成了政治理由下的犧牲者，但她遺傳了外婆精神病的沉重包袱，傾向哀傷、嚴重的憂鬱症、冷淡、狂怒。十年的婚姻生活，雖然處於聲望輝煌的宮廷，但她來到一個文化習俗、氣候與其成長的西班牙全然不同的國度，且時時受到束縛、壓力、挫折。她頭腦清醒時也曾意識到，夫君與父王為了奪權不惜擺脫她，事實上，她無意願亦無能力治國。她為愛瘋狂、受情折磨，盲目的對父之愛，忠貞的女兒情，換來了背叛，無語問蒼天，奈何天！

「美麗與瘋狂」之展

二〇〇七年三月初，我們去比利時布魯日看「美麗與瘋狂」展覽。會場在聖母院，卡斯地爾王、布格尼最後一位公爵、俊男菲利普的心臟，就置放在母親瑪麗女公爵陵墓旁。他於一四七八年誕生於此城。此展覽先在西班牙布格斯（Burgos）細繩宅邸（Casa del Cordon，因建築外觀飾以細繩而命名，現是一家銀行，但保留一間展示廳）開展。菲利普於一五〇六年九月二十五日於此豪宅被死神召喚。此宅邸深具歷史價值：天主教

君主於此接見哥倫布，未來的低地國總督瑪格麗特與唐璜太子度過新婚之夜，法王方沙一世被查理五世在馬德里囚禁後，回法國途中亦歇腳留宿。

此展覽展示菲利普的故事，布格尼與西班牙王室肖像、族譜、他的鋼盔、劍、掛氈、金銀器、樂器、雕塑品等五十件。展覽有佛朗曼文、法文、英文解說。每次看完展覽，我皆會購書以延伸閱讀及保留印象，很驚訝一本關於展覽書籍及另外一本厚重《一五〇六年》之書，竟然是佛朗曼文，沒法文版，惋惜狹窄的地域主義，阻礙人們分享其史料及文化遺產，是憾事！

政治婚姻：
豪華婚禮、分娩與死亡

　　「別人靠打戰來統治，幸運的奧地利以婚姻擴展領土；別人從戰神手上獲得，你則是維納斯給予」（Bellae gerant fortes tu "felix Austria" nube nam quae marsaliis dat tibi regna Venus）這是哈布斯堡王朝、神聖羅馬帝國皇帝馬克西米里安一世的格言。的確，他本身及一兒一女皆執行此信條。孫子查理五世（西班牙史上是查理一世）是十六世紀歐洲最強權的君主。

　　西班牙天主教君主伊莎貝拉與斐迪南是表姊弟，他們成婚是基於政治考慮：卡斯地爾王國與亞拉岡王國之合併。他們的婚姻生活談不上鶼鰈情深、卿卿我我，但算是和平相處，一切皆以統一西班牙、驅逐摩爾人為大志。斐迪南婚前、婚後皆有私生子。他遠行時，伊莎貝拉為避免嫌疑，皆與兒女共眠。

　　西班牙王室常與葡萄牙王室通婚，天主教君主的長女與三女分別與葡萄牙王子、國王結合。到了孫子那一代，查理娶表妹葡萄牙公主，他的小妹則嫁給葡萄牙國王。曾孫那一代，菲利普二世娶表妹葡萄牙公主，他的小妹則嫁給葡萄

01 法國伊莉莎白：她是典型政治婚姻的受害者

牙王子。哈布斯堡的西班牙與奧地利兩支派系也通婚，例如查理的長女就嫁給弟弟斐迪南的長子。菲利普二世的第四任妻子，就是外甥女奧地利女公爵。直到一七〇〇年，最後一位哈布斯堡的西班牙國王查理二世才休止。以遺傳學的觀點來看，近親通婚的後代比較會有缺陷。

多產與早逝

王后或公主的任務就是傳宗接代，換句話說，就是充當生產工具，尤其是生個太子；她們承受的壓力，比一般平民女子更大。當時嬰兒死亡率超高，故她們婚後就懷孕不斷，例假一直不再來。而分娩提高死亡風險，也是年輕女性逝世主因。菲利普二世的第一任妻子十八歲過世，第三任妻子法國伊莉莎白 **01** 二十三歲，第四任妻子三十一歲，他的母親三十六歲。

法王方沙一世第一任妻子克勞蒂（Claude de France）**02**，有過快樂的童年，父母對她疼愛有加。她外貌平庸，方沙擁有眾多風頭較健的情婦，克勞蒂只是生產工具。十年的婚姻生活，逾五年，她皆處於懷孕狀況。經常懷孕損害她的健康，十五歲就當母親，直到二十四歲身亡，總共生了七個孩子。

查理五世的大妹伊莎波（Isabeau）**03**，嫁給丹麥國王克利斯瓊二世（Christian II）。雖然貴為王后，但國王明目張膽地把情婦帶到宮廷生活。伊莎波受到百般屈辱，當然一點也沒政治權力，是否遺傳母親瘋女王華娜過度的忍耐與病態的冷漠？六年期間生了五個孩子，二十五歲時，在鄙視與痛苦中結束短暫的一生。

查理五世的岳母亦是姨媽瑪莉（Marie d Aragon）**04**，三十五歲生第十一個孩子，而賠掉生命。他的小姨子沙瓦女公爵凱撒琳‧米琪薾（Catherine-Michelle），十二年的婚姻，因生第十個孩子而於三十歲時往生。

這是當時一般女性的命運，但貴為太子妃或王后，其職責更重大。她們認為：這是必須亦是自然的現象，因教會把此觀念根深柢固於人心，無質疑、反叛餘地，直到生出太子或幾位男嬰才罷休。

王朝族系關係密切，每位成員須服從王朝家族最高領導者，及最有權威的份子，接受其下屬角色。他們有權被保護，亦有服務職責。世系份子可能任由首長自由處置，後者有時會罔顧個人的欲望，甚至不考慮其親屬關係。極少王子、公主或貴族，能逃離王朝首長為他們設定的婚姻、命運。個人成為榮耀王朝的「可利用資源：政治王牌」。公主極難逃避極不匹配、年差大、

03 丹麥伊莎波

04 亞拉岡瑪莉

十分不幸的婚姻。拒婚情況罕見。

極年輕、少不更事、習於服從、尊敬，要反抗婚事安排是不太可能。只考慮王朝的政治利益及擴張領土需要，抹煞私人情感因素，她們就像可交易的商品，到風俗習慣迥異的異國。一旦有了初潮，就要不斷忍受夫君的性騷擾。歐洲王朝的延續，是建立在無數的個人悲劇。平民女子反而比較幸運。

與平民的婚姻相較

從文藝復興到啟蒙時期（大約從一四七〇年至一七二〇年），一般的婚姻大多數遵守四項規則：拒絕近親通婚、無代理婚禮、女子婚齡不是很年輕、孩子數目比王室或貴族家庭少。

雖然也有近親聯姻，但尤其是三等親和四等親，亦需教會的寬免許可證。婚禮時，男女雙方必須出席，依據教會婚姻神聖的教義，婚姻生效以夫妻自由同意為基礎。至於女子婚齡，十五世紀時較早，後來越來越晚。除非是王公貴族，以年輕婚齡為突顯。雖然法律允許十二、三歲的女孩結婚，但事實上，很少青少女出嫁，例如：西班牙一些神父雖然贊成十五歲至二十歲的婚姻，但勸阻女孩早婚；醫生亦持同樣觀點，認為必須避免早婚與晚婚。剛剛進入青春期的少女，懷孕嚴重威脅生命，忠告至少等到十五、六歲才結婚，使初為人母延至十七歲。一般認為，進入青春期幾年之後才真正入洞房比較適當。

幸福的婚姻是例外

典型的王室婚姻是，國王有眾多情婦，他是一國之主，為所欲為。查理五世和弟弟斐迪南一世的幸福婚姻是例外。異於他們風流成性、輕浮的父親菲利普，他們婚姻生活期間無情婦，在宮廷是罕見的現象。查理二十六歲與二十三歲的葡萄牙表妹成婚，兩人可說是一見鍾情。後來查理經常離開西班牙去帝國屬地巡視，或出國作戰，夫妻聚少離多，皇后伊莎貝拉落得鬱

鬱寡歡。

　　斐迪南十八歲時與同年齡的匈牙利公主安娜 05 結婚，兩人皆是童男處女。新娘漂亮、皮膚白嫩、身材均勻、櫻桃小嘴、聲音甜美。他們的初戀持續二十六年，直到安娜四十四歲分娩時過世，總共生了十五個孩子。安娜經常伴隨斐迪南出巡王國，她的政見被夫君接受。懷孕末期不便遠行，則擔任暫時攝政。兩人極重視家庭生活，珍惜與孩子相處時光。斐迪南成為鰥夫時，從未想過再婚，從此過著清淡寡欲的生活，床頭永遠放著安娜的畫像和一本祈禱文。

05 匈牙利的安娜

母親的憂傷與哀愁

　　自從離開羅格紐（Logrono），我們的車子進入布格斯（Burgos）省，一路上與朝聖者之道（El Camino de Santiago）並行或交叉。沿途，可看到一個人獨行、結伴成行、或騎腳踏車的朝聖者，他們手持拐杖、足登特製步行鞋、背包佩帶貝殼標誌。

　　聖璜‧得‧奧德卡（San Juan de Ortega）位居海拔一千公尺，這座村落在布格斯城東部三十公里，是朝聖者必經之地。我們抵達時豔陽高照，一輛遊覽車載來十幾位西班牙觀光客，他們在小村唯一酒吧外面大陽傘下納涼、喝冷飲。散落三、四處，十多位朝聖者在聊天、吃三明治。我瞧見一位東方女性，獲悉她是韓國人，試著以英文與她交談，她說不會講英文。心想一位來到歐洲獨行的亞洲人竟然不會說英文，或者她是在西班牙出生的第二代？我們與一位從法國南部杜魯斯（Toulouse）來的七十一歲朝聖者聊天，他步行朝聖已屆十七年，每年春季出發，約五十天至五十五天到達西北部海岸聖地牙哥。太太沒興趣，他一人獨行，樂此不疲。我問是否碰過壞人，答案是否定。

到聖璜・得・奧德卡朝聖求子 （在下文標號）01

　　西元一千一百十五年，修道士璜在長滿蕁麻的土地建造一座小教堂及一家客棧。他有「聖修路者」的尊號，於一〇八〇年誕生於布格斯北部十五公里一小村。去耶路撒冷朝聖過，倖免船難，也完成一個願望。展現在我們眼前的教堂，從一一五〇年起由當初小教堂擴建，一九三一年被規納入國家紀念性建

01 聖璜・得・奧德卡小教堂

築物，教堂以建造者姓氏命名。聖璜建造橋樑、教堂、及供朝聖者歇息的旅舍。生前製造無數奇蹟，例如：痊癒愛爾蘭朝聖者的啞童，或是讓不孕婦懷孕。於一一六三年往生，他的伯爵朋友為他建造一座輝煌羅馬式石雕墳墓，但其謙卑使他選擇簡單的墓碑。站在一個逾八世紀之久 ——

02 聖璜的簡單石棺

擺放地上的卑微、簡單石棺前 ②，我冥思、祈禱、肅然起敬，通過時光隧道，想像伊莎貝拉於一四七七年跪拜此地，披上被視為聖物、治療不孕的聖璜苦行生僧袍，祈求聖璜賜予她早生貴子。

一四七○年，長女伊莎貝拉出生，雖然鞏固其婚姻，體驗初為人母的喜悅。但就政治觀點而言，女兒無法完成卡斯地爾王國願望，伊莎貝拉與斐迪南一旦過世，王位繼承將落在長女身上。卡斯地爾王國沒問題，但是亞拉岡王國不承認女性繼承王位。在一個必須經常作戰以捍衛領土的時代，太子誕生就像救世主降臨一般，眾人迫切期待。故伊莎貝拉求子心切。

眾民、統治者深信西班牙的神聖歷史，歷史富涵濃厚的宗教色彩、意義，它不是偶然發生的天主領導世界。西班牙的歷史是上帝與此民族關係的故事，「君權神授」，深植人心，國王、女王是上帝在塵世的代表與象徵。伊莎貝拉正式的編年史作者布加爾（Pulgar），以聖經的語調確認，上帝選擇伊莎貝拉女王領導卡斯地爾人民的命運，她甚至被比喻成聖母瑪麗亞。

唐璜王子誕生　舉國狂歡

朝聖一年之後，伊莎貝拉在塞維亞（Sevilla）阿拉伯王宮如願得子。之前她數度流產，是否聖璜顯神？她相信聖者之慷慨，西班牙統一繼承者才有希望。伊莎貝拉感恩圖報，斥資擴建小教堂。

一四七八年六月三十日，唐璜王子誕生，塞維亞全部教堂

寺鐘響徹雲霄，舉國歡騰、萬民狂喜三天三夜。卡斯地爾王國與亞拉岡王國統一有望。受洗之日，在貴族及市井小民心中留下深刻印象。太子誕辰四十日之後，依照聖經指示「第一個男嬰須奉獻給上帝」，塞維亞大教堂再度舉行呈獻嬰兒慶典。斐迪南與伊莎貝拉著繡金飾珠的華麗衣服，豪華典禮象徵君主受神命治世，其權威是天意。不可錯失任何高歌頌揚王權制度的機會。

歐洲王國傳統賜予繼承王位的王太子封號，例如法國稱為「杜方」（le dauphin）、英國是威爾斯王儲（Prince of Wales），至於西班牙，卡斯地爾王國是阿思杜利斯王子（Prince des Asturies），加泰隆納（Cataluna）則是澤宏納王子（Girona）。貴族、城市代表在托雷多公認「唐璜是卡斯地爾法定繼承者」，他們宣誓效忠，女王過世後，王位轉讓給王子，斐迪南只是侍

衛王子（le prince consort），他的卡斯地爾國王封號將隨女王往生而被取消，他不是卡斯地爾的擁有者。唐璜名字從此在公文中與君主並列。

伊莎貝拉與斐迪南無固定的首都、宮廷，因政治事件、戰爭，他們到城鎮停留，成了「流動朝廷」。菲利普二世才決定把位居西班牙中心的馬德里當作首都。唐璜未滿三歲時，流動朝廷到亞拉岡王國省區作長途旅行，讓重要城市議會舉行承認、宣誓、效忠王儲儀式。

太子接受最好的宗教、人道、情操教育。迪耶格‧得‧德札（Diego de Deza）修士在西班牙最古老的沙拉曼卡大學（Salamanca）**03** 當過九年教授，太子七歲時被重聘，跟隨、教導他。他博學、謹慎、追求真理、道德情操。他負責智性、宗教、道德教育。另外一位在羅馬就職、留學，廣交文人、藝術家，博學多聞的義大利名師、人道主義者安吉耶哈（Anghiera）也被聘請。其教育政策是精英主義，強調良師益友之重要。

政治婚姻與國際政治問題有密切關係，國家利益因素為優先考慮，個人情感、喜愛不受重視。王子、公主（尤其是後者）只是父母君主的外交王牌與政治工具。

唐璜與瑪格麗特公主的婚姻只持續六個月

唐璜十九歲時，與神聖羅馬帝國皇帝馬克西米里安一世的女兒瑪格麗特公主，於一四九七年三月在布格斯大教堂成婚。結婚慶典、市民狂歡長達一個月。新娘聰慧、美貌、優雅、文

04 布格斯的繩索豪宅歷史意義深遠：唐璜王子的蜜月住所、哥倫布美洲第二次航行歸來在此謁見天主教君主、俊男菲利普往生、在馬德里做階下囚的法王方沙一世歸途法國，皆在此宅。

化涵養高，唐璜擁有美嬌娘，自覺是世上最幸福的神仙眷屬，夫妻如膠似漆。

但好景不常，婚後六個月 **04**，唐璜臥病在床。醫生、朝臣皆認為王子愛情過度而損害身體。「性交過度而致死」的傳聞於是不脛而走，批評之聲此起彼落，健康一向不佳的王子，如何狂熱衝動至此。眾御醫把其理論稟告女王，建議新婚夫婦分居一段時期，伊莎貝拉直截了當

不以為然：「不該分開被上帝結合的一對」。謠傳持續半世紀之久，一五四三年，查理五世向兒子菲利普援引唐璜的不幸例子，極力勸戒他勿濫用婚姻樂趣：「因對身體發展及精力極不利，通常體力虛弱而無法有小孩，甚至性命亦保不住。唐璜太子就是這樣喪命的，因此，我才繼承大片江山國土」。

　　人算不如天算，無人能抵擋命運之神。唐璜發燒、嘔吐，臥病半個月之後，於一四九七年十月四日撒手人寰。他是她的驕傲，伊莎貝拉不僅感受白髮人送黑髮人的哀慟，喪失獨子如萬箭穿心，由愛子繼承統治西班牙的大業成空。整個西班牙畏懼前途：「所有行業皆停止操作四十天，眾人皆著黑服，公卿貴族騎騾以黑布蓋過膝」——一位史學家如此形容。黑旗在各城門飄揚致哀，希望遠離西班牙，「我們的期望之花已枯萎，荊棘已長出，玫瑰花已乾枯。」

　　同年十二月初，瑪格麗特公主早產一死女嬰，王室家庭再度受到打擊。

長女伊莎貝拉產後不久過世

　　女王很親近的長女伊莎貝拉二十歲時與十五歲的葡萄牙王子聯姻，婚後八個月，女婿墜馬摔死。公主回到西班牙悶悶不樂、沉默寡言，伊莎貝拉擔憂女兒健康問題。一四九七年春季，女兒終於答應與葡萄牙國王曼紐約一世（Manuel Ier）再婚。唐璜遺孀雖然懷孕，但胎死腹中。葡萄牙國王夫婦成為西班牙王位繼承人。

他們受邀來到托雷多，一四九八年四月七日接受西班牙王朝臣公貴族的效忠儀式。八月到亞拉岡王國時，伊莎貝拉產下一男嬰米凱爾（Miguel），生男孩的喜悅沒持久，母親因產褥熱而魂歸西天。未及一年，伊莎貝拉女王失去愛兒及愛女。決定親自負責養育外孫，這位將來統一亞拉岡、卡斯地爾與葡萄牙三王國的君主。

外孫亦夭折 次女性情古怪

一五○○年夏天，伊莎貝拉決定在格納達阿爾罕布拉宮修養身心。很不幸地，外孫不久夭折，粉碎了西班牙與葡萄牙合併的夢想。女王再次受到打擊、折磨與挫折。

性情古怪的次女華娜，一四九六年夏天未滿十七歲遠嫁低地國。她嫉妒、懊惱丈夫的不專情，布格尼宮廷生活糜爛，菲利普依然我行我素，她一心一意只想抓住丈夫的心，「江山易改，本性難移」，她失敗了。

伊莎貝拉知悉女兒不美滿的婚姻，察覺她的怪異行為。她擔憂華娜遺傳其母的精神分裂症。最令她心煩的是，與斐迪南辛辛苦苦打拚出來的江山、成就，從此將落入外人哈布斯堡王朝子孫手中。

雖然她貴為女王，三年之內，這一連串不幸的家庭事故，像一把利刃逐漸耗損伊莎貝拉的身心，她元氣大傷，終於在一五○四年十一月二十六日遺憾地與世長辭。

光復國土的最後戰爭：
格納達戰役

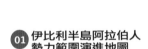
伊比利半島阿拉伯人
勢力範圍演進地圖

A 七九〇年阿拉伯人佔
領伊比利半島（綠色）

B 九〇〇年形勢地圖

C 一一五〇年地圖

D 一三〇〇年只剩下
格納達王國

　　格納達戰役是天主教君主光復國土、統一西班牙的最後
戰爭，它長達十年 01。

　　格納達王國面積約比利時或瑞士一樣，東、西、北部
群山圍繞，有些甚至是伊比利半島的最高峰，南部是地中
海。高山泉水灌溉平原，土壤肥沃、物產豐富，盛產穀類、
橄欖、葡萄、甘蔗，礦產亦取之不盡。此王國是西班牙回
教徒領土最富庶的土地之一。馬拉加（Malaga）及亞美利亞

（Almeria）是地中海極活躍的兩個港口，也有一些碉堡村落。首都格納達位處王國中央地帶，城外高崗上粉紅色的高牆，隱藏著舉世聞名、雄偉莊嚴的阿爾罕布拉宮（Alhambra）**02**，阿拉伯文意味「紅色城堡」。

光復國土發揮騎士精神

一四八一年十二月底，伊斯蘭教一首領率兵突擊基督徒城堡扎罕哈（Zahara），屠殺軍營戰士，俘虜城堡總督。為了報復，塞維亞總督及卡地茲（Cadiz）伯爵深入敵境，直搗王國中心地帶阿哈瑪（Alhama）城。首領旋即反擊，把基督徒圍困於此城。為了拯救基督徒，一向與卡地茲伯爵意見相左的梅迪納西多尼亞公爵（duc de Medina Sidonia），不計前嫌率軍相助。其他平日敵對的貴族，為了成軍加入這場偉大的戰役，而握手言和。

十五世紀末葉，光復國土戰爭初期，中古世紀的騎士精神再度發揮得淋漓盡致。高貴精神的首要情操是慷慨，十年斷斷續續的作戰，面對艱辛、難挨的困境，天主教君主與其將領，就靠著崇高理想的這股熱誠。英雄主義、捍衛宗教、榮譽、成就豐功偉業、流芳萬世，將他們的心緊緊扣在一起。勇無畏懼的精神振奮民心及吟遊詩人，許多歌頌英雄功績的抒情詩、敘事詩應運而生。

西班牙人的軍事裝備占優勢

戰爭從春天打到秋天，冬天氣候不佳，適合休兵養息。掠

奪搶劫是雙方慣用的戰術，破壞一切農作物、果園、葡萄種植，燒燬村落，讓敵方缺糧、無住屋。

戰術極嚴峻，一座城市一旦被攻陷，戰勝者操生殺大權。兵營的駐軍可能全部被殺戮，城市居民被當作奴隸販賣。當城市投降時，視它先前的抵抗程度，戰勝者依此而決定其命運。

西班牙人的軍事裝備比摩爾人更勝一籌，後者使用毒箭、或擲石，戰術保守，以防守而不進攻，亦不攔截西班牙人的運輜行隊或破壞道路，他們也拒絕與敵軍正面作戰。坑道兵與爬梯兵在西班牙軍隊扮演要角，前者在城堡下挖掘地下通道，偷偷摸摸混進圍城；後者以梯子攀登城牆，壯夫與動作敏捷、靈巧者擔任這兩項工作。

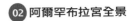

02 阿爾罕布拉宮全景

新的戰術是使用大炮，基督徒占上風。射石炮炮轟城牆，接著，發射輕型長炮，阻止敵方修補破牆。十年戰爭期間，天主教君主擴充大炮裝備，法國一位軍事工程師來助陣，此外，亦招募歐洲其他國家的炮兵。

招兵買馬、組織軍隊是伊莎貝拉的專長，其才能在準備此長期作戰中再度展現。憑夫君之助，一四八四年，他們向歐洲尋求人馬、炮兵、工程師。如何長期供養作戰人員，除了運用國庫外，她的說服技巧成功地引進教堂財富。心思縝密使她辦事面面俱到、八面玲瓏。最後攻擊之際，伊莎貝拉慣於以莊嚴隆重的言論勉勵鼓舞士心，他們是為收復國土、榮耀信仰而戰，不僅國家會感恩，未來世界靈魂救贖是最崇高的獎賞。

宏達、馬拉加投降，格納達西部領土光復

一四八五年五月中旬，宏達（Ronda）投降，鄰近九十四個城堡相繼響應。據說當伊莎貝拉與朝廷人士、外國使節，於科多巴（Córdoba）歡迎斐迪南一行人凱歸，目睹被解放、帶腳鐐的基督徒俘虜時，她熱淚盈眶，親自為他們解開奴隸象徵。這些鐵鍊當今懸掛在托雷多聖璜修道院外部牆壁上，歷經五世紀，它們仍然向人們訴說歷史滄桑、人類的見證。

圍城三個月之後，馬拉加終於在一四八七年八月十八日投降。斐迪南紮營地現是一座勝利聖瑪莉亞教堂（museo y basilica de Santa Maria de la Victoria）**03**，教堂外面壁上有一紀念馬拉加光復五百週年的瓷磚 **04**。旁邊一條路就稱為天主教國王。西班

牙將領期望大量殺戮，以呈殘忍的報復，伊莎貝拉向斐迪南求情結果，全城居民淪為奴，有錢財者可贖身恢復自由。收回馬拉加之後，格納達西部領土已光復，戰爭第一階段告結束。雖然兩城只距離三十公里，天主教君主謹慎行事，認為先攻打首都東部地區，削弱、孤立格納達為上策。

04 紀念馬拉加光復五百週年的瓷磚（右）

03 馬拉加勝利聖瑪莉亞教堂（下）

群山圍繞　巴札城難攻

　　東部崇山峻嶺、危險重重，費時兩年才準備就緒。巴札（Baza）、關迪茲（Guadix）、亞美利亞（Almeria）是主要城市。首先目標是巴札，此城群山圍繞，雖地處平原，但森林茂盛、參雜河道，不易入侵攻擊。西班牙人砍樹伐木、試圖造路，但工程艱鉅速度緩慢，他們洩氣。秋末之前攻陷巴札計劃似乎難以實現，大多數的軍長希望轉移陣地。秉著一股熱誠，伊莎貝拉表示將盡力協助斐迪南。旋即以行動實踐諾言，把結婚禮物——一條項鍊及王冠——在瓦勒西亞（Valencia）抵押貸款。

　　此消息振奮兵心，軍隊決定留下來繼續作戰。斐迪南命令建築十五公里的欄柵配上塔樓，也造木屋紮營。摩爾人的迅速猛烈突擊，西班牙軍隊損失兩萬名。接著，冬季提早來臨，氣候不佳下大雨，河床氾濫，臨時搭建的木屋不堪沖擊。運糧的山路亦無法通行，飢寒交迫，軍隊中瀰漫著撤退低迷氣氛。

　　面臨困境，伊莎貝拉卻是愈挫愈勇。她派人修路、募款、購糧。決定離開她的駐地哈恩（Jaén），親自上陣，身穿盔甲閱兵。是她的現身產生奇蹟，或是與摩爾首領祕密談判。伊莎貝拉抵達三天之後，巴札投降。接著關迪茲、亞美利亞亦陸續無條件投降。

　　一四八九年十二月二十三日，天主教君主進入亞美利亞，接受市鑰。二十九日收取關迪茲。七星期期間，一切進展超乎意料之快速、順利。三個城市之降服，避免西班牙軍隊持續作戰。兩位危險的摩爾首領放下武器言和，格納達東部地區已平

息，現在只剩下孤立無援的首都。

格納達王國內訌

格納達統治者波阿寶狄（Boabdil），無能、個性懦弱、善變、被鄙視，不獲人民愛戴。格納達的陷落只是時間問題，它是此長期戰爭之高峰。天主教君主對驅逐摩爾王有信心，決定在格納達西部駐紮，三個月內在平原上建造白色的聖塔菲（Santa Fe），表示其意志與堅持。已經惶恐不安的格納達居民更是絕望。

事說一四八三年四月下旬，波阿寶狄在一次率兵攻擊西班牙軍隊時被俘虜，他被囚禁至一四八七年；此期間，其父親及叔父在格納達陸續掌權。一四八七年，波阿寶狄恢復自由身的條件是斐迪南幫他爭奪王位，但他須宣誓為天主教君主的封臣，且留下兒子及十名格納達年輕貴族作為人質。

一四九一年十月，波阿寶狄在格納達被摩爾貴族控制，幾乎無實權。後者不承認他當時被釋放的條約。波阿寶狄大費周章，終於在十月二十八日簽訂格納達投降政令，接受三個月之後移交此城。憤怒的貴族群起反抗，無法控制不安局勢，擔心情況惡化，波阿寶狄通知天主教君主，提議立即降服。

西班牙歷史上意義深遠的一日

一四九二年一月二日，在西班牙歷史上是個重大、光榮的

05 天主教君主接受波阿寶狄投降圖

日子。天主教君主驅逐了最後一批摩爾人，八百年的異族占領終告結束，西班牙成為基督徒的統一王國。王室家族盛裝伴隨朝廷重臣、武裝的軍隊，龐大的隊伍從聖塔菲浩浩蕩蕩出發。方形王旗、軍旗隨風飄揚，加上樂隊助興，空氣中瀰漫著愉悅、勝利氣氛。

　　波阿寶狄離開阿爾罕布拉宮，在伊斯蘭教聖地聖塞巴斯提安（San Sebastian），與天主教君主一行人會合 **05**。遞交市鑰之際，他禁不住掉下眼淚，道出動人的言語：「陛下！這是阿爾罕布拉宮及您城市的鑰匙，請進，請拿下！」波阿寶狄騎馬告別他粉紅色宏偉城堡。其母在辛酸之下向他發出著名的批評：「哭吧！吾兒，正因你無法像男人一樣捍衛你的王國，就盡情

哭個像女人吧！」。波阿寶狄強忍悲悽，從此走出歷史。

西班牙軍隊則是喜極而泣，伊莎貝拉青春期的夢想、許諾終於付諸實行，阿爾罕布拉宮終於插上基督教旗幟。她一生中最重要的時刻是，一四七四年十二月，在塞哥維亞主廣場成為卡斯地爾女王及今日，近乎二十年的奔波、奮鬥、犧牲總算沒白費，伊莎貝拉感動得跪下撫摸這片自由的土地。她無形將西班牙塑造成現代化的國家。

天主教君主的長眠之地：格納達的皇家教堂 06

格納達對天主教君主意義非凡，西班牙終於統一了，象徵他們統治期的登峰造極。伊莎貝拉生前表示葬在格納達的願望，著方濟教士貧窮的長袍。

伊莎貝拉於一五〇四年十一月二十六日，在麥迪那・得・甘波與世長辭。格納達皇家教堂於一五一七年才建造完工。之前她被葬在阿爾罕布拉聖方濟斯哥（San Francisco）教堂內。簡單的白色大理石刻上天主教君主往生之年，及一五二一年遷移至皇家教堂。

歌德式的皇家教堂外觀莊嚴、優雅，其藝術價值、歷史意義、宗教象徵，深深地吸引無數遊客。地下墳墓放置天主教君主、瘋女王華娜及夫君菲利普 07 、一五〇〇年，兩歲早夭的米蓋爾（其死讓伊比利半島三王國統一的夢想毀滅。一五八一年菲利普二世成為葡萄牙國王之後，天主教君主的理想才實現）黑鉛棺槨 08 。

上面雕刻精美的石棺佐著宗教人物、寓言，伊莎貝拉與斐迪南石像予人肅穆的感覺，菲利普與華娜各面朝外，隱喻這對生前吵吵鬧鬧的歡喜冤家；前者手握短劍，雖然只當了幾個月的卡斯地爾王，後者手持權杖，卡斯地爾女王華娜一世有名無實，被監禁約半世紀之久。

皇家教堂本來是要充當西班牙王室陵寢，但菲利普二世興建艾斯科利亞王宮修道院（El Escorial）❾之後，把母親遺骸及父親查理五世在幽思地（Yuste）的棺槨遷移過來。從此，艾斯科里亞宮成為西班牙歷代君主長眠之地。

西方與中國君主陵墓迥異

腓得烈三世（Frederic III，1415－1493）是哈布斯堡王朝的羅馬人民國王及神聖羅馬帝國皇帝，其陵墓在維也納聖得田教堂東北側一個榮耀的位置，紀念他在維也納創立主教府。

其子馬克西米里安一世亦是神聖羅馬帝國皇帝，陵墓在英斯布魯克（Innsbruck）皇家教堂（Hofkirche）內。二十八具比人身還高的黑色銅像守護陵墓，文藝復興式的雕刻彰顯皇帝統治的奢華與合法性。

維也納嘉布遣會修士教堂地下墳墓，是哈布斯堡王朝陵寢。一九八九年，當哈布斯堡最後一位皇后吉黛（Zita）的送葬隊前行至此教堂前，葬儀式隊長敲門請求進入，陵墓守門修士問道：「誰要進來？」前者列出一大堆逝者封號、頭銜。修士回答：「我們不認識此人。」葬儀式隊長二度敲門，此次列出逝者名字及小

頭銜，修士持同樣的回答。當他第三度提出同樣的問題時，得到的回答是：「吉黛，一位可憐的罪人。」這時教堂大門才讓葬儀隊進入。

　　生前榮華富貴，人生不一定快樂幸福。一旦辭世，生前一系列頭銜在教會眼中毫無價值意義。上帝面前，帝皇、皇后、公爵、公爵夫人只不過是凡夫俗子。

　　聖彼得斯堡的聖彼得‧聖保羅教堂，是俄羅斯歷代沙皇家族的長眠地，簡樸的石棺並列於教堂內。歷史上著名的沙皇彼得大帝（1472－1725），及女沙皇凱薩琳二世（1729－1796），

僅管生前顯赫一世，威震歐洲大陸，死後只不過占地幾米。

造訪過西班牙、葡萄牙、英國、法國、奧地利、俄國帝王陵墓，皆設在教堂內，宗教意味濃厚。雖然西方帝王自認為是上帝在塵世的代表、高人一等，但人世間的金銀財寶是身外物，生不帶來死不帶去。

反觀，中國皇帝在位時看風水、擇吉地，大興土木建造地宮。漢武帝在位五十四年，花五十三年建造陵墓，動用每年三分之一稅收，既勞民又傷財。駕崩後，每天有五千名宮女侍奉三餐、照顧就寢起居，視若生前。

北宋皇陵宋仁宗的永昭陵，動用民工四萬六千七百人，耗銀達六十萬兩、錢一百五十萬貫、絲絹二百五十萬匹，費用占用了當時國庫年收入的一半。

明英宗生前做了一件大善事，即廢除慘無人道的殉葬制度，遺詔裕陵停止殉葬。此功德對以後的帝王影響很大，從此可憐無辜的宮妃不再被犧牲。西方帝王則無陪葬慣例。

慈禧太后為了逝世後繼續享受榮華富貴，耗時十四年修建慈禧陵三殿。富麗堂皇，極盡奢侈，工藝精緻、巧奪天工，木材堅硬精美。慈禧陵棺內隨葬的金銀財寶、奇珍異寶，雖有密室石門以防盜墓賊，但仍無法抵擋遭到盜墓之殃，金珍玉寶被洗劫一空。生前的貪婪無厭，造成陵墓不安寧。

東西方帝皇對死後歸宿的價值觀迥然不同，擁有日不落帝國的查理五世，謙卑地選擇教堂地下室一隅放置未來簡樸的棺槨，宗教是其思維心念的約束力。中國歷代君主卻無此顧忌。

07 伊莎貝拉與斐迪南（右）、菲利普與華娜（左）精緻石雕像

08 地下墳墓黑鉛棺槨

09 艾斯科利亞王宮修道院皇帝、國王地下墳墓

宗教審判

　　高踞海拔一千一百二十一公尺，中古世紀古城亞維拉（Avila）06 以其完整的城牆馳名於世。建於十一世紀，全長兩公里半，高度十二公尺、厚度三公尺、八十八座城樓、十二扇城門。此城與聖德瑞莎（Sainte Thérèse，1515 –

01 降生修道院

1582）有密切關係，她在此度過青春期，改革加爾默利修女教派（Carmelite），奉守貧窮教條，足跡遍及西班牙，創立無數修道院。置身漫步此城，讓人感染濃厚的宗教氣氛。像西班牙諸多城鎮，亞維拉擁有多座教堂，聖德瑞莎的故居，於十七世紀被改建成聖德瑞莎修道院；她當修女居住二十七年的降生修道院（couvent de l'incarnation）01，尚保留她的修女小室、座椅、衣物、旅行時攜帶有耶穌像的十字架、毛巾、小壺……等。據說，在一間會客室裡，聖德瑞莎有過浮身現象。二○○七年暑假，在我們的旅館就遇見一個香港來的朝聖團，他們去了葡萄牙的法迪瑪（Fatima），下一站是法國羅德（Lourdes）。

　　亞維拉另外一座著名的聖托瑪修道院 02，於一四九三年擴

02 聖托瑪教堂修道院

建完成之後，多明尼教派修士（L'ordre des Dominicains）在此居留，亦是天主教君主的夏宮、宗教裁判法庭。一五〇四年起充當大學持續三世紀之久。教堂大門上方有天主教君主的牛軛與捆箭的石雕紋章。教堂祭壇後方是天主教君主的獨子、英年早凋唐璜王子的大理石精緻石刻墳墓 。我默思伊莎貝拉因愛子驟逝、西班牙統一的理想大業受挫，而受到重擊，真是「謀事在人，成事在天」，歐洲的歷史也因此改觀了。

以統一西班牙名義

宗教審判蹂躪西班牙三世紀半之久，宗教裁判大法官杜爾格瑪達（Tomas de Torquemada，1420－1498）的墳墓亦在此教堂左側。他是多明尼教派修士，伊莎貝拉與斐迪南的聆聽告解神甫，他從一四八三年起擔任首席大裁判官，直到過世，以嚴肅、虔誠、博學聞名。一四五二年至一四七四年，他是塞哥維亞聖

03 教堂內唐璜的石雕墓

十字架修道院院長。伊莎貝拉還是孩童時，他就成為其聆聽告解者，反覆灌輸未來女王王國宗教統一的應盡職責，及可從中謀取的政治利益。

伊莎貝拉登上王位寶座後，雖然杜爾格瑪達是其親信，但他婉拒榮譽、權勢、職位，僅充當顧問角色。在其慫恿下，天主教君主以統一西班牙名義，決定執行嚴厲的宗教政策。他們勸服教皇重新組織西班牙境內的宗教裁判法庭，且僅讓王權控制。杜爾格瑪達任職宗教裁判大法官十五年期間，以堅決意志及令人畏懼十足的熱忱執行任務。任職期間，約十萬個案件被檢視，約兩千人被判火刑。

十五世紀末葉，西班牙驅逐宗教少數民族，且設置一個對抗異端邪說的嚴格機構，即宗教裁判法庭，驅逐猶太教信徒及強制回教徒改信天主教。其目標在統一信仰，保持信仰純潔、免受外來異端污染與離經叛道。此宗教政策在西班牙歷史是一重要轉捩點；蓋往昔，對於非基督徒，官方態度中立、容忍，從此轉變成不妥協、強硬、迫害。

在西班牙之前，歐洲國家已有過驅逐猶太教徒的舉動。西班牙選在中古世紀末期，有其於原因，光復國土及增加人口。收復領土之後，不期望成為荒地，故請摩爾人留下來，亦歡迎猶太教徒社團，當時並不苛求他們改奉天主教，僅要求他們效忠王權。中古世紀的西班牙是對其他宗教容忍的國家，例如阿方斯七世（1126－1157）就被尊稱為「三種宗教之皇帝」。

在基督教領土生存的回教徒被稱為穆德加和（mudejares），他們保留自由信仰權。猶太教徒不僅被容忍，亦有合法居住權，

其小型社會與基督教大型社會和平共存。羅馬帝國殖民伊比利半島時期，就已經有猶太教徒。西元七一一年回教徒入侵時，他們的命運並無改變，亦無受到任何迫害；他們不僅沒被迫改奉伊斯蘭教，亦獲得法律認同完全享有行動居住自由，保留、擁有財富，不受阻礙信奉其教。

但是北非的柏柏爾人（Berbères），於一〇八六年及一一七二年兩次征服西班牙南部，在此立足之後，猶太教徒被勒令改信伊斯蘭教或死刑。有些逃到埃及，大多數則選擇朝西班牙北部避難。基督教的西班牙歡迎他們，讓其重組社團。十二世紀起，猶太社團亞加馬斯（aljamas）於基督教王國另起爐灶，卡斯地爾十多個城市皆有猶太社團，其中，托雷多（Toledo）的社團最為龐大，具有十座猶太教堂，它們成為阿拉伯文化與基督教歐洲接觸頻繁之橋樑。

反猶太主義之滋長 04 05

中古世紀的西方，伊比利半島的猶太教徒，長期以來被視為享有特權者，理論上，其法律地位保障免受專斷決定。卡斯地爾國王任命一位猶太教首長，他是王國與猶太教徒社團的仲介人物。總而言之，猶太教徒在中古世紀之西班牙占有舉足輕重的地位。由於人數不少，根據某些作者，十三世紀末約十萬名；十四世紀中葉約十八萬至二十五萬。除了數目龐大外，集聚在某些地區，其社會組織、雄厚的經濟力是其王牌。

他們從事各種行業：農業、釀酒、畜牧、手工藝、裁縫、

鞋匠、經營商店。有些則
經營錢莊，以高利貸款給王
公貴族、教士、平民。他
們亦被賦予管理錢財、課稅
等職務，故其財富日積月
累。其徵稅及管理王室財
務角色被過份渲染，但卻
激發庶民反猶太主義。被權
勢庇護，平民尤其視他們為
徵稅者、課稅壓迫工具及受
益者，貧困時期提高物價，
高利貸剝削貧民，猶太財閥
的優越感，其財經、社會

04 拷打酷刑

05 火刑

成就、對王公貴族之影響……等因素。猶太社團之特權及繁榮
景象，令西班牙的排猶太主義比其他國家更激烈。

　　十三世紀下半葉，反猶太主義逐漸擴展，他們被禁止擔任
公職，特權被削減。十四世紀起，敵意跡象漸增。一三四八年
黑死病之後的經濟蕭條，十四世紀下半葉的經濟不穩，徹底改
變猶太教徒在伊比利半島的情況。瘟疫、超高的死亡率、農作
物欠收、物價高漲、內戰、爭權奪利等社會、政治危機，加上
經濟困難，猶太教徒順理成章成了代罪羔羊。在某些地區，他
們被控在井水下毒，其房子被燒燬，亦被謀殺。

　　猶太教徒被嚇壞了，有些逃到北非摩洛哥、阿爾及利亞、
突尼西亞、利比亞等國大城。很多人希望能逃過謀殺、搶劫

掠奪而改信天主教。一三九一年起,他們被稱為「貢維碩斯」
(Conversos,意味改宗者),以區別老基督徒。據估計,大約西
班牙半數的猶太教徒皆改變宗教信仰。

改宗者可從事先前被禁止的職業,很多人當神職人員及擔
任公務員,社會地位提高卻使大眾階級酸溜溜。王公貴族皆鼓
勵、接受改宗運動,但是普羅階級卻持敵對態度,往昔的反猶
太主義持續延燒。他們繼續譴責改宗者剝削、鄙視人民,且占
取中上層社會地位,甚至指控為假基督徒。

最後這項指控並非無理由,有些改宗者偷偷返回原教,若

06 亞拉維夜景

被偵察出，則情況十分危險，因一旦受洗成為基督徒就成定局，甚至其後代子孫皆如此。在公共場所，他們符合基督徒的舉止行為、儀式，但一旦回家，則盡量遵守猶太教典禮、實行教條。在西班牙，此種隱藏的信奉猶太教令不少人內心掙扎、家庭撕裂，例如丈夫想信奉猶太教，太太卻想當真正的基督徒。

　　舊基督徒不信任假改宗者，但是不改宗繼續信奉猶太教者則怨恨改宗者，對後者鄙視、充滿敵意。雙方不了解，試著說服對方，而演變成激進的敵人。

　　後世對一般宗教審判印象不好，西班牙尤其是惡名昭彰，

它留下可憎、恐怖的影像，令人聯想到排除異端、宗教狂熱、曚昧主義、酷刑、特別訴訟程序、險惡儀式伴隨火刑……等。此種有組織、官僚式的排除異端，例如負有特別任務的公務員，收集揭發、調查、記錄、構成案件。此種機關化的不容忍令人生畏，永遠威脅民眾。由國家介入，西班牙的宗教裁判與王權之間密切合作，前者是後者的工具。

驅逐異教徒

一四八〇年，議會決定：猶太教徒從此須居住於與基督徒完全隔開的社區；白天，他們被允許外出工作，晚上則須回家過夜；衣服須縫上黃色圓圈布飾；此種歧別政策的好處是保護其人身安全。

天主教君主統治期間，重要城鎮設有王權代表，保障猶太教徒免於無謂的攻擊與遭受迫害。王權親信中，有猶太教徒身居醫生、財務官要職。伊莎貝拉尤其數度重申，無法容忍猶太教徒遭受掠奪、詐取及不公正：「王國的所有猶太教徒屬於我，且在我保護之下」，保障其人身及財產，對抗一切攻擊，若成為犧牲者，則須執行正義。

猶太教徒阻礙改宗者同化 01

如何解釋一四九二年王權下令驅逐猶太教徒呢？西班

牙境內的猶太教徒，構成改宗者完全同化的主要障礙，後者與前者交往互動，因而漸漸恢復原教。只要猶太教徒留在西班牙，改宗者就會試著奉行猶太教信條、儀式，多多少少受到鄰居或親戚朋友的影響。根據宗教裁判範疇的一些調查，透露的確有此現象，王權思索此問題及對策。在宗教裁判者要求下，一四八三年，安達魯西亞省已驅逐過猶太教徒。聖職最初設立於此省，後來逐漸擴展至整個半島。幾年之後，王權簽訂驅逐法令，據官方解釋：意圖造成一種不可逆轉的情況，去除猶太教，讓期望想恢復原教之改宗者打退堂鼓。

一四九二年一月，格納達王國 **02** 投降，光復國土計劃實現，宗教狂熱氣氛下，天主教成為政治統一的工具，往昔三種宗教並存已過時，西班牙要與歐洲基督王國並駕齊驅，政治意圖駕馭宗教容忍。

猶太教徒被迫放逐

驅逐猶太教徒法令於一四九二年三月底公諸於世，猶太教徒被限於四個月內改宗或放逐。拒絕改宗者須立即離境，他們可變賣家當，但依照法令，禁止攜帶金銀、馬匹、武器；可在銀行取得交換，在國外兌現。由於時間短促，他們難以討債，以合理價格販賣房子；許多買主故意等到最後時刻，以廉價在市場購屋。義大利銀行家亦趁機把交換壓至最低價。有些市鎮當局也從中作梗，禁止人們購買猶太教堂及猶太教的公有建築。

到底有多少猶太教徒選擇流亡呢？歷史學家說詞不一，大

格納達

　　約五萬至十五萬之間，分別占卡斯地爾及亞拉岡人口百分之四及百分之五，對整個西班牙人口影響不大。他們去哪裡呢？葡萄牙、法國西南部、英國、佛朗德（形成阿姆斯特丹猶太教徒社區）、北非、義大利、尤其是鄂圖曼帝國展開雙臂歡迎他們來定居，希臘島嶼亦是其目的地。

　　對西班牙經濟影響如何？大部分西班牙猶太教徒是工匠、小販、小借款者。至於從事國際貿易的早已改宗。就現代西班牙而言，它沒受到放逐猶太教徒之大波動。

天主教君主是希冀大多數的猶太教徒能改宗而留下來。以福音布道、展示一些改宗成功的例子作為宣傳活動。此種宗教統一的政治是反猶太教，而較非反猶太教徒。宗教裁判政策及驅逐猶太教徒法令執行之後，社會菁英、政府高官、地方執行長不乏改宗者。

　　一四九二年，宗教政策急轉彎，加強國家統一成為現代國家，猶太教社區之存在，造成社會團體凝聚力之障礙。「十九世紀的民族主義興起之前，宗教歸屬情感讓人民真正感到息息相關」，這是一位歷史學者的推論。擁有共同的信仰助長團結意識，王權認為政治統一建立在宗教統一的基礎。

軟硬政策逼回教徒改宗

　　光復格納達王國之後，王權對回教徒態度如何呢？他們意圖逐漸同化回教徒人口，希冀後者不僅改宗且放棄伊斯蘭教的社會習俗。格納達大主教以柔和與勸服政策傳教，其觀點是，以高壓、恐嚇手段強迫改宗，則無法持久，換成愛與慈善效果則迥異。他不僅學習阿拉伯文，也要傳教士與他一樣，以便與回教徒直接溝通。以阿拉伯文編輯教理書，禮拜儀式亦使用阿拉伯文。其用心良苦，獲得民眾的尊重與同感。此種布道方式須假以時日。

　　一四九九年，天主教君主回到格納達時，發現大多數人口還是回教徒，情況無甚改觀。新上任的大主教西司內荷斯採取強硬手段，不徵求父母同意，讓兒童受洗，把清真寺改成天主

教堂，在公共場所燒燬《可蘭經》。這些違反先前合約舉動，引起回教徒抗議與抵制。衝突事件爆發後被鎮壓，數千名嚇壞的回教徒紛紛改宗。其他地區則叛亂，一五〇一年冬季情況嚴重。王權認為這些叛徒如同違背一四九一年合約，下令回教徒選擇改宗或放逐。大多數選擇前者，雖然成為基督徒，但仍不改往昔習俗。六十多年期間，改宗者分居卡斯地爾各省區，他們繼續形成無法同化的社團。一直到一六〇九年，菲利普三世才把這些回教改宗者完全驅逐出境。西班牙終於完成宗教統一，但國家的原動力被剝奪，導致社會經濟沒落。

伊莎貝拉的遺囑

麥迪那・得・甘波（Medina del Campo）近郊，拿蒙達城堡（Château de la Mota）雄踞在一丘陵上，俯瞰四面八方，它是卡斯地爾最大的城堡之一。劃破時空、聳立八世紀之久，其防禦性質使它成為軍事要塞，也充當過炮彈儲藏庫，亨利四世（1425－1474）時，存放皇家檔案。十六、十七世紀時成了著名人士的監獄。話說一五〇二年年底，菲利普離開西班牙之後，一五〇三年三月生下未來奧匈帝國的斐迪南一世，華娜就在此古堡居住數月。

感情用事的華娜全心全意想重回夫君的懷抱，雖然伊莎貝拉先派遣主教去勸阻，他碰一鼻子灰，且被臭罵一頓，華娜的火爆脾氣是有名的。母后連續再委託西司內荷斯大主教及另外一名親信兼親戚去勸服，還是不成。伊莎貝拉決定親自出馬，華娜不讓母親住進城堡；她固執、喧吵了五天。此時麥迪那・得・甘波的市集聚集許多群眾，古堡外圍亦有不少聞聲而至的好奇觀眾。華娜披頭散髮、縮蜷在守衛室房，一見到母親就瘋狂大罵，不滿情緒傾瀉而出。「若她不是有精神病，我無法忍受一位女兒敢對母親發出如此不敬、不得體的語言。」——是伊莎貝拉的親筆心聲，這一幕亦使她想起以往住在另一古堡發瘋母親的痛楚回憶。

伊莎貝拉心知肚明女兒的神智無法治國，王國將遭殃。起初認為準備華娜未來女王角色，教導國事，可能降溫、痊癒她的熱情如火，此政策已徹底失敗。醫生、教士們皆一致認同該讓華娜成行。她終於在一五〇四年三月中旬回到低地國。

與女兒的劇烈爭執幾乎耗盡伊莎貝拉的尚存精力。斐迪

南一直陪伴著，她撐著病體，他們抵達麥迪那‧得‧甘波東部二十公里奧門多小鎮（Olmendo），在拉梅喬哈達修道院（La Mejorada）度過復活節。

踏尋修道院遺跡

我們來到奧門多的主廣場，旁邊就有一座教堂，但那不是伊莎貝拉愛去的拉梅喬哈達聖瑪麗亞修道院 **02**。看了市區地圖，才知道它離此鎮四公里。在沒指標的情況下，我們試了兩次路，第二次才找到拉梅喬哈達的方向牌。這是個有舊圍牆的荒僻地方，我下車去詢問，一位農夫說不知這兒有修道院，他只會講西班牙文，說宅內有人會講法文。一位和藹可親的三十多歲年輕人向我們述說，這裡的確有過一座歷史輝煌的修道院，接著帶領我們去看尚存的小教堂。

十四世紀一位道德高操的女士建此修道院，受到王室保護，也成了國王、皇帝來朝聖、避靜的居所。璜二世、亨利四世、天主教君主、查理五世及菲利普二世，皆來此地居留過。想不到，在這修道院還簽訂與法國的和平條約，法國與亞拉岡王國爭奪那不勒斯王國，法國軍隊投降，斐迪南被宣稱為那不勒斯國王。

想像五世紀之前，外交官於此周旋、忙碌，現在只是一個默默無聞的歷史遺跡，成了葡萄園與釀酒廠。莊園的年輕人說，西班牙獨立戰爭時，拿破崙軍隊入侵西班牙，其將領蘇特元帥（Marechal Soult）摧毀了此修道院。一五〇四年春季，伊莎貝拉

虔誠地跪在小教堂聖像前，祈禱西班牙國運昌隆，她預感自己來日不多。斐迪南帶她回去麥迪那‧得‧甘波。

麥迪那‧得‧甘波歷史悠久

此鎮具有二十五世紀的悠久歷史，羅馬帝國統治西班牙之前就已存在，被阿拉伯人占領過。麥迪那（ Medina ）阿拉伯文意味伊斯蘭教教徒區，此鎮的市集歐洲馳名，十五、十六世紀市集交易為它帶來繁榮、財富，建造不少宗教及私人的紀念建築，其歷史與藝術傳承不容置疑。伊莎貝拉在皇宮立遺囑、辭世，

02 尚存的拉梅喬哈達教堂

深刻的歷史意義，增添它的文化與觀光價值。

　　這座皇宮就在主廣場：西班牙廣場一隅，廣場中央有一尊伊莎貝拉的雕像 **01**。我注意到卡斯地爾沒有斐迪南的銅雕，起初不解，後來明白他只是侍衛王子，伊莎貝拉的合法配偶，她才是卡斯地爾女王與地主。我們只是在科多巴（Córdoba）阿拉伯王宮花園，看到伊莎貝拉與斐迪南接見哥倫布的石像。格納達一條熱鬧街道 —— 伊莎貝拉廣場 —— 聳立著伊莎貝拉接見哥倫布的雕像，斐迪南在哪裡呢？

　　就像西班牙大多數的博物館、修道院、教堂一樣，皇宮下午開放供人參觀時間是五點至八點 **03**。商店午休是西班牙人的慣例，我極不習慣觀光地點的開放時間。四年前，我們在廣場一家餐館吃過紅燒雞塊，味道鮮美。我們還有時間，何不再度光臨這家餐館再嚐美味。菜單上已沒紅燒雞塊，我們叫了蒜味炸雞塊，味道不錯，配上薯條，我倒希望配菜是綠椰菜、四季豆、青豆、菠菜之類，較清淡好吃，也較營養。外子說炸薯條一般西方人較易接受。我習慣吃綠色蔬菜，馬鈴薯是最後的選擇。

伊莎貝拉為祖國做最後的努力

　　十六世紀，五十三歲已不算年輕，伊莎貝拉已近風燭殘年。整個歐洲朝廷皆知她病得嚴重，幾至生命末期。大家為她舉行眾人祈禱會，宗教儀式行列。大使、朋友陸續來到皇宮向她告別，一位從義大利遠道來訪客感人的見證如下：雖已病入膏肓，

03 皇宮前庭：紀念伊莎貝拉逝世五百週年的石雕像

堅強的意志及英勇的腦力還繼續運作，她在病床指揮世界。

如何保護西班牙是她唯一的繫念。在她三十年的統治下，國家已完成政治上與宗教上的統一。但她擔憂預料在華娜、菲利普及他們的子孫繼承下，西班牙的完整將動搖。深思熟慮多年成果之未來，她口述著名的遺囑 **04**。

遺囑大部分是對華娜與菲利普充滿預感、焦慮的囑託。生前無法教導華娜，死後期望她可能會較穩定。叮嚀他們試著成為好的基督徒，關注有關上帝榮耀及信仰，服從教會及教士的指令。夫婦和平相處，永遠順從斐迪南。

關於政治指示則更迫切，保存西班牙主權完整是其終極目標。她勸諫華娜與菲利普遵照卡斯地爾習俗與法令治國，不把任何職權交給不在我國出生及居留者，強調制定法令之前，須與議會協商。

特別條文裡，她預想到王位繼承問題，採取各種假設情況：伊莎貝拉過世後，華娜將成為卡斯地爾女王，斐迪南變成亞拉岡國王而已。她離世時 05，若華娜不在場，或是她後來離去，或是雖然在卡斯地爾，但是不太情願，或甚至無能力治國。在上述情況下，我夫君斐迪南以華娜之名攝政統治，直到華娜長子查理二十歲。她指定斐迪南及西司內荷斯為遺囑的主要執行者。

伊莎貝拉在特別條文裡，明確地暗示華娜可能的無能力。

此問題在一五○二年至一五○三年，國會召開時已討論過。此時大家對天主教君主女兒的心智已略有知曉。然而一五○五年，伊莎貝拉逝世後所召開的國會，毫無困難地正式公認華娜為卡斯地爾女王。雖然顧慮到她的健康狀況，代表們不斷然剝奪她全部的王位繼承權。為了勸服諸位代表，菲利普親信撰寫關於華娜的日誌在國會被宣讀，但國會還是拒絕宣告華娜女王的無能力。為了避免女王的疾病公昭於世，或是政治利益，國會僅證實華娜無法完全執政。

斐迪南與菲利普互相爭權，前者以伊莎貝拉遺囑為憑依，後者以侍衛王子身分，藉華娜之名攝政。故兩者皆贊同謠傳她的無能力理政。

04 立遺囑房間

CHAPTER

III

海外拓殖

突然！新視野，
世界擴展了

　　二〇〇六年七月中旬一個週末早上，我們離開塞維亞，車子在往梧耶瓦（Huelva）高速公路上急駛。不久車速緩慢，前面有幾公里的車陣，外子說塞維亞人出城要去海邊度週末，我們恐怕來不及在中午一點前趕到哈比達（La Rabida）聖瑪利亞修道院 **01**。我說既然來了，則繼續下去，去參觀促成哥倫布發現新大陸聖方濟各會修士修道院，是我夢寐以求的心願，怎能放棄與歷史交會的時機呢！駛出高速公路後，未能立刻找到修道院，礙於一點關門、下午四點才再開放，不免心急。終於一座融合阿拉伯式與哥德式的白色建築呈現眼前，好不興奮、狂喜。

意義非凡的修道院

　　修道院建於十四世紀，隱修院迴廊畫有追憶哥倫布沉思、離港、探險事蹟的壁畫。位於教堂內部後方小禮拜堂供奉的奇蹟聖母（our lady of miracles），是巴洛斯小鎮（Palos de la Frontera）的守護神，其聲威遠渡海洋，亦是美洲眾多修

 哈比達聖瑪利亞修道院

道院的保佑神明。哥倫布在遠洋出發前夕 02 03，於十三世紀聖母雕像前祈求保佑一帆風順、完成使命。

　　一九九二年，教皇保祿二世受邀，紀念發現新大陸五百週年。見證美洲的基督教化，發現新大陸與布道的搖籃地在此修道院，他恭逢其盛。一九九三年六月十四日，教皇再度蒞臨哈比達修道院，給石雕聖母加冕金飾珠寶，他感恩祈禱聖母：「到熱愛的美洲大地朝聖之後，悅見您的無所不在，我來此向您致謝新世界五世紀的福音傳道。」

　　一四八四年，離開葡萄牙來到卡斯地爾，把兒子迪耶哥寄託給哈比達修道院璜・貝赫茲（Juan Perez）及安東尼・馬其拿（Antonio Marchena）兩位修士。前者是聆聽伊莎貝拉女王的告解

02 哥倫布畫像

03 哥倫布離港壁畫

者，後者是著名的天文學家。這位旅行者是何許人也？

哥倫布遠航計劃
在葡萄牙、西班牙、英國、法國朝廷不受重視

　　哥倫布於一四五一年出生於義大利熱內亞，父親是織布工人兼賣酒與乳酪，曾破產，蒙受牢獄之災。港都熱內亞居民的野心、夢想與希望是朝向汪洋大海。哥倫布曾隨商船數度出海，學得一些航海技術，夢想豐富他的想像力與興致。

　　他夢想島嶼、通往印度香料及黃金遍地日本之路。

　　國家需要黃金，來對抗非基督徒，維持社會經濟，抵擋鄂

圖曼帝國之侵襲，拯救歐洲。土耳其帝國崛起，迅速發展，壟斷東行路線。葡萄牙王冉二世亦熱切渴望發現黃金與香料。哥倫布展示其航行計劃，但是葡萄牙王諮商的高級神職人員、醫生、占星家等專家，持保留態度，發覺諸多錯誤，哥倫布的建議被拒絕。

轉移陣地，借助於有力人士，一四八六年一月，天主教君主接見哥倫布。其藍圖須接受大學教授、法學家、航海家組成的專家委員會審查，他們開會討論三次，檢視科學、司法、技術方面問題，詳盡地詢問哥倫布。他們認為歐洲至亞洲之間的距離，並非哥倫布所想像、描述的近距離。就技術方面而言，一艘快帆船無法裝運足夠的糧食與飲用水遠駛如此航路。他們同樣不批准計劃。

對於十五、六世紀的西班牙學者而言，經驗須以科學理論為基礎，他們不信任缺乏理論及思辯知識經驗的人，哥倫布即是那種西班牙稱為 idiota，意味沒受過大學教育、自學者。他沒受過什麼教育，只是閱讀手邊的書，不過具有航海實際知識，深信其經驗及神聖使命。專家們把他當作宗教幻象者、科學業餘愛好者。由於一位修士支持，王權授予哥倫布一筆小年金，故他沒完全絕望。

一四八八年，他再度與葡萄牙宮廷接觸，但時機不佳，因巴得雷密·迪耶茲（Barthelemy Dias，1450－1500）剛發現好望角（Cape of Good Hope）。哥倫布委託弟弟到英國與法國朝廷遊說，亦無成果。

格納達王國光復後　一切皆改觀

　　一四九一年，他回到哈比達修道院，修士替他打氣，再度向伊莎貝拉女王推薦。一四九二年一月二日，格納達王國投降，被視為天意，卡斯地爾被賦予獨特命運。光復國土之後，十字軍東征、福音布道、征服潮流瀰漫國境。雖然專家還是反對無科學根據的航行計劃，但哥倫布預感格納達王國被擊敗之後，一切皆可實現。可能高估其機遇而抬高價，王權再度回絕。看來一切希望皆落空，哥倫布鬱鬱寡歡、神色黯然地遠離格納

04　天主教君主在聖塔菲（Santa Fe）確認哥倫布遠航任務合約

達。一位傳令兵把他追回，請他立刻回到在聖塔菲 ₀₄ 停駐的朝廷。十五天之內，一切皆改觀，哥倫布獲得他以往提出的所有要求：海軍元帥及未來發現領土總督的頭銜，一切相關的特權，有權提名三位候選人司領土職務，任命權則歸王權；享有新領土百分之十的財富；王權保證資助遠征。

王權態度急轉彎，該歸功於多明尼克教士迪耶哥‧德‧得札（Diego de Deza），王儲璜的教師及未來的宗教裁判大法官，和斐迪南的財務官路易斯‧德‧桑塔哲（Louis de Santangel），這兩位有力人士之遊說。前者的論據是，若哥倫布發現新大陸成功，進而福音傳播，伊莎貝拉不僅服務上帝，亦榮耀自己。後者認為投資遠征資金不算多，與將來新領域衍生的財富只是小比例。

招募遠航成員、準備船隻及器材、裝置費時六個月。大部分船員是安達魯西亞人（包括班容 Pinzon 三兄弟）、幾位軍官、一位知曉阿拉伯文、希臘文、希伯來文的通譯（人們期望中國大汗會有這些語言概念）、一位船長、一位代書、一位負責監視、維護王室權益的監督員、三位外科醫生、工匠……等。無士兵、亦無牧師，但備有射石炮，哥倫布意圖在首航盡量探險。

航向未知 ₀₅

一四九二年八月三日清晨，品達（La Pinta）、妮娜（La Nina）及聖瑪利亞（La Santa Maria）三艘帆船載了八十七人，駛離巴洛斯港。他們先至加納利群島修船及裝備糧食，九月六日

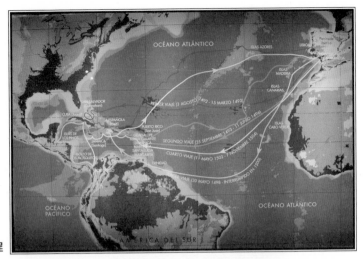

05 哥倫布四次航程

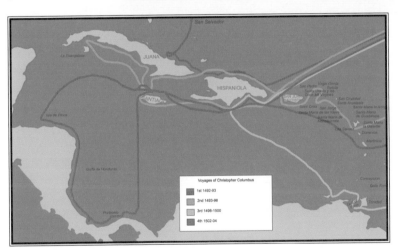

才離開。十月十一日午夜兩點發現陸地;十二日早晨哥倫布與
班容兩位兄弟先登陸,在沙灘上一群裸體、五顏六色塗身的土

著迎面而來。前者持卡斯地爾王權旗幟，後者執斐迪南與伊莎貝拉首位字母、綠色十字架旗幟，跪地、感激涕淚而吻地，感謝上帝歷經漫長、奇異的旅程之後給予的獎賞。哥倫布船長把奇蹟發現的這塊土地命名為救世主：聖薩爾瓦多（San Salvador）。他在代書面前以卡斯地爾君主之名正式擁有此島嶼，接著，接受隨行航海旅伴向海軍元帥和總督宣誓效忠。

十月十四日離岸，來到巴哈馬群島，十五天之內一一探險，哥倫布不疑離亞洲大陸不遠。十月二十八日，三艘帆船在古巴北部靠岸。海軍元帥有點失望，因見不到預期的金碧輝煌、交通頻繁的城市。他相信聽聞十天的步程可抵達大陸，故派遣通譯觀見地區元首呈遞國書。四天之後，這群特使失望而歸，並未遇到文明首都。

哥倫布探險古巴東岸、當今海地與多明尼加（當時命名為Hispaniola），他禁止船員單獨與印第安人交易，黃金與香料是王室的專利，且由他控制。摧毀想在此次大探險致富隨行員的希望。哥倫布的船隻聖瑪利亞擱淺，無法再航行，妮娜太小無法載全部人員回西班牙。十二月二十五日，他決定建造一座稱為誕生城（Navidad）的堡壘（榮耀耶誕），讓志願者留下來，結果有三十九名，其任務是尋找金礦，直到哥倫布從西班牙回來。

凱旋回歸西班牙 06 07

一四九三年一月十六日，剩餘的兩艘帆船揚帆駛往西班牙，看哪艘船先抵達，向君主報告發現的消息。

07 哥倫布面對大海的雕像

06 初航三艘航帆船模型

　　妮娜被風吹駛向里斯本，西班牙到過印度的消息被傳開。葡萄牙王璜二世召見哥倫布，我們可想像當時的尷尬情況。前者恭賀後者的冒險旅程，後悔錯過資助航行時機。國王顧問建議暗地謀殺哥倫布，讓發現陸地消息永無抵達西班牙，國王從猶豫至拒絕。

　　三月十五日，妮娜駛入八個月前離開的巴洛斯港。歸來的消息已不脛而走，歡迎場面極盛大，歸來者皆被視為英雄，被帶回來害怕得發抖的七位印第安人、鸚鵡、矛、植物及黃金樣

本展示於碼頭。

　　自負、懷抱不久財富、權力將加諸於身的喜悅，哥倫布到教堂向聖母致謝，亦開始準備第二次更重大的航行。接著跋涉遠赴巴塞隆納觀見在那兒停留的斐迪南與伊莎貝拉 08 。他像是遠征的羅馬將軍凱旋歸來，不僅是偉大的航海家、天生的探險家，克服未知的深淵，亦是勇氣、能幹、明智的楷模。就像一九六九年首次登陸月球的太空英雄回歸地球一樣。一個月之內他成了宮廷的寵愛與英雄，其榮耀、封號、特權被確認。

第二次遠行要去殖民

　　一四九三年九月二十五日，哥倫布率領十七艘船、一千五百人，浩浩蕩蕩地從卡迪茲港（ Cadiz ）出發。先前三十九位留下來的殖民者全被殺戮，無一倖免。與印第安人的衝突，強迫他們從事苦役、強姦，引起印第安人反叛。沒受什麼教育，哥倫布不具有指揮、組織及行政經驗能力，他僅是一位好奇、想像力豐富、有野心的船員。第二次航行，他須建立一個殖民地、開採金礦及防禦工事。但與他同行的大部分殖民者皆是剛愎自用的末等貴族（ hidalgo ），哥倫布無法管轄他們。

　　往昔，這群西班牙人慣於打戰，不會從事商業交易或播種。受限於最近數十年光復國土的傳統，只懂得服從前進軍令與分享戰利品。哥倫布讓他們誤認來到新土地，溫馴的印第安人從事收割，為他們帶來金塊，他們可像王公貴族一樣過活。事實不是那麼一回事，陌生的環境、迥異的氣候、懷敵意的印第安

08 **格納達：伊莎貝拉**
接見哥倫布的雕像

人，西班牙人在悲慘的條件下存活。金礦、金沙很快就耗盡，
西班牙帶來的種子亦沒發芽，眾多西班牙人紛紛病倒、死於熱
帶病。

　　氣候不適、鄉愁、精力過盛、英雄無用武之地、挫折感，
失望的殖民者恐嚇印第安人、搗毀其村落。違悖常理，哥倫布
懲罰印第安人，更加深他們的懷恨。下令男女及逾十四歲原住
民每三個月須供給一定數量的金子。不堪苦役，無數印第安人

吞食毒根自殺，或被吊死。西班牙登陸海地與多明尼克，建立伊莎貝拉基地，這是美洲的第一個歐洲城市，兩年之後，約三分之一的原住民（數十萬人）被殲滅。數年之後，欠缺人手，不得不從非洲輸入黑奴從事種植。兩世紀半之後，徹底改變美洲的人種。

　　無法有效管轄殖民地，一四九四年四月至九月，哥倫布揚帆出海到牙買加島及古巴南岸、波多黎各探險。病倒、操煩無紀律的殖民者及無數的繁瑣問題。在聖多明尼克建造第二個基地之後，他決定返國。一四九六年六月十一日回到卡迪茲港。

第三次航行　殖民者不滿哥倫布家人

　　一四九八年五月三十日，八艘船啟程第三次航行。哥倫布駛向南部大陸，在當今的委內瑞拉登陸，成了五世紀前維京人（les Vikings）在魁北克東部（Nova Scovia）登岸外，首位足登美洲的歐洲人。接著勘察 Tobago、Granada、Margarita，他意識到這是一塊廣闊、一望無垠的大陸。時常生病，他回去聖多明尼克，印第安人因受到殘酷剝削而深惡痛絕。他們感染天花、痲疹，三分之一的西班牙人則罹患梅毒。其弟亦不擅於經營管理，激起殖民者反感。殖民後果不如預期目標，西班牙人歸咎於哥倫布，他被腳鐐遣送回國。

　　一五〇二年至一五〇四年是最後一次航行，主要目的在探尋通往東方的海峽，哥倫布探險巴拿馬海峽，卻不得其果。

哥倫布一直深信抵達印度

　　一五〇六年五月二十一日，疾病交加，哥倫布在悲憤、憂愁、遺憾、沒沒無聞中過世，深信他到達印度。十年之後，其死訊才被傳開。他在華拉度利德過世時的住宅，現已成為哥倫布紀念館  09 。

09 華拉度利德哥倫布故居博物館一隅

以英王亨利七世之名，於一四九七年至一四九八年，發現加拿大東部新領土（Terre-Neuve）的威尼斯探險家冉·加布（Jean Cabot，1450－1498），證實哥倫布之錯誤。他們發現一個未知的新大陸，西班牙亦信服，但習慣使然，直到十八世紀中葉，他們繼續稱美洲為「印度」，至今我們稱美洲原住民為印地安人。由於此因，新土地沒冠上哥倫布之名。

在法國工作的德國地圖設計師馬丁·華德西米勒（Martin Waldseemuller），於一五○七年四月二十五日發表「世界地圖介紹」，把佛羅倫斯人亞美利哥·維斯布希（Amerigo Vespucci，1454－1512）發現的島嶼與南美大陸稱為「亞美利加」，因他記得亞美利哥在一五○三年名為「新世界」（Mundus Novus）的信件，首次提到新世界。一五二四年，《世界地圖》大量發行，亞美利加名稱普遍化。

十九世紀初期，尋求獨立的南美洲北部大國稱為「哥倫布」，總算是遲來的討回公道。一八三○年，此大國瓦解，目前，只有哥倫比亞這個國家冠著新大陸發現者之名。

未知的征服者：
耶南・柯德斯

　　哥倫布的先鋒航行發現新大陸之後，西班牙繼續派遣遠征隊赴美洲，目的在殖民與傳播福音。

　　征服者（les Conquistadors）指十五、十六、十七世紀，西班牙與葡萄牙的士兵、探險家、冒險家，以王室名義占領、奪取美洲土地。這段歷史是西班牙與葡萄牙在美洲的殖民時期。

　　會離鄉背井、果敢堅決、航向未知世界，是何許人也？他們是無銀的鄉紳、末等貴族，大多數來自近鄰葡萄牙的伊斯特麻迪合（Estrémadure）窮鄉僻壤省區。勇悍不畏死、傭兵精神、鐵漢一條、個人主義、向大自然挑戰是其人格特質，不過主要動機是在國內無法致富，故孤注一擲、勇往直驅，到「印度」殖民另尋出路。

　　比較著名、傑出的征服者，計有占領古巴的迪耶哥・維拉蓋茲（Diego Velazquez，1465－1524）。一五一二年在巴拿馬成立殖民地，且發現巴拿馬地峽，一五一三年九月二十五日，發覺太平洋的法斯哥・尼奈茲・得包伯阿（Vasco Nunez de Balboa，1475－1519）。進征波多黎各及發

現佛羅里達的璜・龐斯・得雷歐（Juan Ponce de León，1460 － 1521）。

耶南・柯德斯（Hernan Cortés，1485 － 1547）在墨西哥，方西斯哥・比沙荷（Francisco Pizarro，1476 － 1541）及迪耶哥・得亞馬哥（Diego de Almagro，1480 － 1538）在秘魯的成就非凡。面對人數眾多的龐大帝國，他們部隊人數難以匹敵，雖然西班牙軍事技術較強，只許成功不能失敗，不畏懼任何艱鉅任務的心態與勇往直前的決心，印第安人之間的敵對分歧情勢形成有利情況，受益於一些印第安人的通譯、協助，他們擊敗推翻了墨西哥帝國及印加王國。

01 柯德斯畫像

耶南・柯德斯：墨西哥的征服者

耶南・柯德斯三十三歲時還是默默無聞，尚未成就大事，無任何豐功偉業。不過他做過一個奇異、神奇的夢，夢見著錦衣華服，被一群陌生人服侍，且尊他為王公，榮耀他。雖然明白夢不可靠，但暗自竊喜，因符合其心中祕密、思想。

一四八五年，耶南出生在伊斯特麻迪合省梅迪南（Medellin）小村末等貴族家庭，他是獨子，自小體弱多病，難以想像將來會成為永不疲乏的英勇戰士，穿越墨西哥、宏都拉斯叢林、北部沙漠，受傷無數次，與死神擦身而過。自認為受惠於其保護

神聖彼得之保佑，得以脫離險境，根據《印第安通史》一書作者高瑪哈（Francisco Lopez de Gomara）的說詞：耶南確信不疑，對聖彼得虔誠膜拜。

十四歲時，父親決定送他去沙拉曼卡（Salamanca）學習，沙拉曼卡大學是歐洲最著名的高等學府之一。他天資聰穎，有多方才能。可惜兩年之後就中斷學業，雙親感到失望與憤怒，期望兒子成為律師、代書的美夢成空。雖然沒獲得任何文憑，但在學習氣氛濃厚的環境，他學到法律常識，懂得拉丁文。數十年後，以精明的辯論駕馭演說技術，給皇上報告的詳盡分析，可說是學以致用，充分展現其才華。

離開沙拉曼卡之後，耶南在華拉杜利德一位當皇家法院代書的事務所實習幾個月。面對前途，他有三種選擇：（一）完成學業，成為法學家、文人或神職人員；（二）投入皇家軍隊，到義大利作戰；（三）加入海軍，到印度去。

從多明尼克、古巴到墨西哥

符合當時的時代氣氛與邏輯，就像伊斯特麻迪合眾多窮困的年輕人一般，耶南到新世界尋求較佳的生活。一五〇四年，十九歲的他出發前往當今的多明尼加，在一小村充當代書職務。殖民地島嶼總督賞識其智慧、撰寫合同、文件之熟練及懂得法律常識，他因此被特許有事務所，亦配給不少印第安人及一些土地。耶南致力於飼養牛馬，生活似乎過得不錯。

西班牙當初發現多明尼克島時，其人口約一百三十萬。數

年後，人口大量遞減成幾十萬，被虐待、從事不習慣的苦役、尤其是天花傳染病等諸多因素組合。金礦產量漸漸下降、人工不足，促使殖民者都想去他方尋求新的財富。一五一一年，維拉蓋茲於是招募三百名西班牙人，前往征服古巴，耶南是其中一員。

維拉蓋茲在古巴建立好幾個城市，他定居下來、統治。耶南充當秘書角色，掌管文書、行政工作。也被配給印第安人，像在多明尼克島一樣，他發展牛、羊、馬畜牧業，開採金礦，很快致富。

意圖向西班牙國王炫耀，維拉蓋茲於一五一七年及一五一八年，先後派遣探險隊去墨西哥勘察。西班牙人發現建築堅固的城鎮，居民的文化水準及技術，明顯地超越多明尼克島及古巴。雖然半數的探險隊被殲滅，帶回少數的黃金，但根據印第安人質，境內有不少金礦。一五一八年遠征時，在塔巴斯哥省（Tabasco）初聞墨西哥名稱，及內陸富裕王國的信息。

柯德斯對於兩次美洲內陸探險後果有所聽聞，他的時辰已到，想盡辦法希望能成為下次遠征的領導人。於多明尼克及古巴生活沉潛十四年，接觸探險家、作戰開拓殖民地、西班牙王室派來的判官與代表，潛移默化，形成他操縱群眾的獨特才藝。但他後來征服墨西哥展現的軍事天才與發明策略，則尚未顯露出。他無任何在歐洲大陸作戰的經驗，但其權威、威勢令人對他效忠，但亦引起一些人的深仇大恨。其政治見識是他非比尋常成功之主因。

五百五十名西班牙人，加上兩百位印第安僕役，那麼少的

力量征服如此龐大的王國。寡兵統帥實現無以倫比的功績，時常告捷，臣服印第安人，史無前例。

破釜沈舟顯示其堅決

一五一九年二月，柯德斯的遠征隊離開古巴，沿著墨西哥尤坎坦（Yucatán）海岸，進入塔巴斯哥時有過戰役，西班牙人損失不大。他們獲得隨後柯德斯充當要角的兩位通譯：一位被印第安人俘虜八年通曉馬雅（Maya）語言的西班牙人，另一位是極聰慧的那烏阿特族（Nahuatl）印第安女郎馬蘭欣（la Malinche），被販賣給馬雅族當奴隸，會講馬雅語及那烏阿特語，受洗後成為馬莉娜（dona Marina）。

建立了維哈庫茲（Vera Cruz）之後，深入內陸之前，柯德斯下令燒燬全部船隻，只留下一艘裝載禮物返回西班牙向國王辯護其使命，概維拉蓋茲警覺柯德斯野心之後，欲免除後者的統帥任務。抱持「壯士一去不復返」的決心與毅力，從此，只能前進不能回歸，柯德斯迫使隨從拚鬥，戰勝或者殲滅。

印第安族群敵對　造成西班牙人以寡敵眾的勝利

西班牙人首先解放墨西哥灣沿岸受阿茲迪克族（Aztèque）統治的都都那克族（Totonaque）。後者酋長贈送兩百名搬運工及五十名戰士。

八月初，四百多名的西班牙軍隊往首都墨西哥前進。柯德

斯選擇經過德拉克卡拉（Tlaxcala），因聽說此族與阿茲迪克族勢不兩立。但前者拒絕柯德斯的和平建議。九月初，展開三天日以繼夜的激烈戰爭，以一對二、三十，西班牙人認為沒希望，但其優越的戰術組織，以炮彈擊敗敵方步兵，及藉助於騎兵，終於挫敗敵人。很多西班牙人受傷，但死亡人數不多。德拉克卡拉族決定投降。

九月下旬至十月中旬，西班牙人在德拉克卡拉養兵生息。他們心有餘悸，與死神擦身而過。對未知世界之迷惑、吸引力，參雜著深度焦慮與生存恐懼之錯綜複雜情感。但是幸福之神向他們招手，他們與德拉克卡拉族結盟，對將來具有關鍵性作用，雖然阿茲迪克族國王派使者來勸阻柯德斯，避免此陷阱且帶來珍貴禮物。

柯德斯堅持要德拉克卡拉族摧毀其神像，但後者嚴厲拒絕。「我們不該強迫他們成為基督徒」，西班牙軍隊中有人發出正義之聲。為了鞏固同盟與孕育勇敢西班牙戰士的後代，德拉克卡拉族奉獻幾位酋長的許多女兒，柯德斯把她們分配給五位隊長。他亦接受五千多名印第安戰士，以備攻陷墨西哥戰役。

抵達阿茲迪克帝國聖城修魯拉（Cholula）時，西班牙人受到熱烈的招待。這是一項陰謀，阿茲迪克族預計趁西班牙人熟睡之際進行殺戮。馬莉娜預告柯德斯此密謀，後者則先下手為強，殺害三千名貴族及燒燬聖城。柯德斯血染修魯拉，這是他進行最大的屠殺，至今在墨西哥歷史留下鮮明記憶。阿茲迪克帝國皇帝莫克得茲瑪（Moctezuma）意圖阻礙西班牙人進入墨西哥城的計謀無以得逞。

阿茲迪克 一個古老的傳說

西班牙人於一五一八年十一月八日到達墨西哥城，莫克得茲瑪  02 不得不接見他們。盛宴、華屋，他們被熱忱款待，西班牙人從未目睹如此光彩奪目、華麗的城市。

馬莉娜除了當柯德斯的口譯外，亦是顧問、情婦，教導後者明瞭印第安人的心理與習俗，如何與印第安人相處的外交手腕。但在印第安人眼中，她是背叛的象徵。

02 莫克得茲瑪

根據阿茲迪克一個古老的傳說，一位被罷黜的上帝，有一天將會從東邊來占領王國。阿茲迪克族相信西班牙部隊的神聖使命及柯德斯的上帝化身。西班牙騎兵代表從天而降的神聖人物杜利斯（teules），亦可分為兩體。柯德斯後來隱藏戰馬與西班牙人屍體，讓印第安人繼續相信其不朽。

參觀廟宇，西班牙人無法勸導阿茲迪克族改宗，退而求其次，建造他們自己的小教堂。他們意外發覺阿茲迪克帝王隱藏的驚人財寶。柯德斯開始恐懼阿茲迪克族心懷不軌，預計謀害他們。

此時傳來維哈庫茲被襲擊事件，駐守的鎮長、六位西班牙

人及印第安盟友，被墨西哥軍隊（阿茲迪克族）殺害。印第安人恍然大悟西班牙人並非所向無敵的杜利斯，而是血肉之軀。一位西班牙士兵被斬首呈獻給莫克得茲瑪。他否認煽動攻擊，應允處罰兇手。柯德斯以此事為藉口而擄擒莫克得茲瑪作為人質，來確保其人身安全 。

古巴總督維拉蓋茲無法忘懷不服從命令的柯德斯。一五二〇年五月，派遣一支遠征隊命令懲罰及逮捕他。柯德斯匆促趕路到海岸，收買炮兵及他認識的其他士兵。遠征隊紛紛投降，加入柯德斯陣營。他擒獲船艦，從此擁有一支龐大軍隊，再度證實其軍事天才。

悲劇夜晚

柯德斯出發與同胞作戰之前，把墨西哥城的駐守任務交給彼得・得阿法哈杜（Pedro de Alvarado）。後者恐懼被圍攻，於是在大廟宇舉行一個宗教儀式中，暗殺大多數阿茲迪克貴族，引起印第安人大叛變。柯德斯戰勝同

03 柯德斯與莫克得茲瑪

胞的消息震撼莫克得茲瑪。一五二〇年六月二十四日，柯德斯軍隊再度進入墨西哥城。莫克得茲瑪向人民勸說讓西班牙人回歸海岸地帶，但人民不服，向他擲石，幾天之後過世。其弟代之成為新皇帝，與酋長聯絡，抱定決心消滅西班牙人。眾多西班牙人被殺死或受傷，柯德斯見大勢已去，認為撤退是上策，

六月三十日是歷史上有名的「悲劇夜晚」（Noche Triste），約四百至六百名西班牙人及四千名左右印第安盟友喪生。

西班牙人若不是淹死（當時的墨西哥城位於一個湖泊島嶼），則被當祭品犧牲。

被印第安人追趕，西班牙人精疲力盡，士氣消沈，人數驟減，且裝備不足，馬匹、大炮及大部分財寶皆拋棄於墨西哥城。但這是西班牙人的渭水之戰，出乎阿茲迪克族之意料，七月七日，西班牙人堅決抵抗，視死如歸，而不願忍受加諸俘虜身上之酷刑。柯德斯的殘軍於鄂圖哈（Otumba）打敗敵方，這是遠征「最值得紀念的戰爭」。阿茲迪克族潰敗逃亡，西班牙人可說是死裡逃生。

攻陷墨西哥城

柯德斯有系統地準備攻陷墨西哥城，以外交手腕交涉、聯盟其他部族的印第安人。建造十三隻易於操縱、駕駛的雙桅橫帆船，軍事訓練印第安戰友。一五二一年五月聖靈降臨節，兩棲戰略已籌備周全。他手下擁有六百五十名步兵、八十四名騎兵、一百九十四名弓弩手及火槍兵、四十尊大小炮、加上兩萬五千多位印第安戰士。

五月底至八月中旬，以水路圍攻策略讓城內防禦者受困，柯德斯親自指揮作戰。最後戰役十分恐怖，墨西哥城陷落時，只是一片廢墟、遍地橫屍，估計十二萬死亡人數，實際上可能是兩倍，其他三萬至七萬倖存者只有放逐一途。八月十五

 柯德斯在故鄉梅迪南的雕像

日，新皇帝瓜地馬克（Cuahtemac）投降成了囚犯。西班牙人施酷刑拷問財寶藏地，但他始終不吐露。怕引起造反暴動，延至一五二四年，他才被處決。

西班牙人成功的組合因素 04 05

西班牙人成功地圍剿墨西哥城有諸多組合因素。柯德斯的

軍隊是一支有組織、且有嚴謹的紀律，部隊前進之前皆有偵察兵。進入每個城市之前，柯德斯尤其注重展現其部隊，軍令內容包括禁止褻瀆神像、賭博、偷竊，預防士兵爭鬥、質疑分隊長權威。

實行「軍事民主」，柯德斯時常諮詢他人的意見。重要決議之前皆經過冗長的討論，雖然最後幾乎採取他的觀點。他解釋、證明、說服其計劃。奪回墨西哥城之際，曾有失敗的攻擊，大家共同分擔挫敗如同共享戰勝。以尊敬的口氣稱謂其屬下，喚起他們的榮譽感、基督徒身分。尊重印第安盟友是其經常顧慮。

利用大炮作為心理戰術，柯德斯安排在印第安代表之前展示大炮。西班牙人的矛、劍比印地安人的木劍還危險。為避免印第安人的齊發箭，西班牙人組合盾作為防護牆，且穿著裝填棉花的印第安防箭背心。使用改造的印第安武器。西班牙人死亡人數不多應歸功於印第安人的戰術，後者主要想打傷或活擒敵人，以作為祭品。

通譯的角色在征服墨西哥國，占有舉足輕重的地位。探聽、收集敵情皆是西班牙人與阿茲迪克族運用的技巧。聽聞一隊奇怪的人登陸海岸，後者派遣一群畫家描述西班牙人、馬匹、大炮、船隻，向皇帝及重臣回報。至於西班牙人這邊，受益於前面提及的兩位傑出通譯。哲候尼莫・得・阿吉拉爾（Geronimo de Aguilar）被尤坎坦省區酋長逮到，他與另外一位西班牙人奇蹟般地存活下來，因其他同行伙伴皆被獻祭神明。西班牙征服墨西哥初期，他當過數個月的通譯。

印第安女郎馬莉娜對西班牙遠征隊貢獻功不可沒，才智過人、精明，對西班牙人及柯德斯忠貞不渝，印第安人改宗基督教，她亦助一臂之力。拒絕印第安酋長建議，扭曲其聲明以誤導柯德斯及其夥伴。柯德斯與她初遇後，互動良好，他們互信，搭配政治演說。兩人成為情人，熱戀三年，雖然後來柯德斯把她嫁給其屬下，但她為柯德斯生的兒子，深得後者喜愛。

　　印第安王國本身的分歧、人不和，導致阿茲迪克帝國的滅亡。西班牙人的小軍隊，附加印第安人重大的軍援：戰士加工兵，前者指揮，訓練後者。若無印第安人的協助，西班牙人是無法成功地拿下墨西哥城的。從馬莉娜的口譯，柯德斯慢慢通曉阿茲迪克族有不少被壓迫、勢不兩立的敵人，他策劃出聰明的協商政策、提議和平相處。他是溝通高手，與德拉克卡拉族的聯盟，是最後關鍵性勝利之主因，印第安異族之間的怨恨，是西班牙人的天賜良機。阿茲迪克聯邦帝國之不穩定政治，可見一斑。柯德斯後來要說明其征服之合法化，則援引墨西卡族（Mexica）壓迫其他印第安人民，才遭到群起激烈反抗。

05 雕像廣場旁教堂屋頂鸛鳥築巢

印加帝國征服者：
方西斯哥・比沙荷

　　哥倫布發現多明尼加─海地島嶼（當時稱為西斯班紐拉〔Hispaniola〕）之後，西班牙人陸續來到古巴、墨西哥、宏都拉斯、瓜地馬拉，成立據點、殖民。方西斯哥・比沙荷（Francisco Pizarro）01 02 隨著這股潮流，於一五〇二年在西斯班紐拉（Hispaniola）落腳。一五〇九年伴隨阿隆叟・得歐赫達（Alonso de Ojeda，1466－1515）到哥倫比亞北部探險。

目不識丁的私生子

　　比沙荷於一四七五年出生於伊斯特麻迪合省突錫尤鎮（Trujillo），是一名私生子，父親是從事軍旅的貴族，母親是女

01 比沙荷畫像

02 突錫尤主廣場聳立比沙荷青銅雕像

傭。在母親所屬的下層階級成長，沒受過教育，故不識字。同
父異母的三位弟弟耶南度（Hernando，1500－1578）、璜（Juan，
1500－1536）及貢札羅（Gonzalo，1502－1548），在比沙荷往
後遠征過程中扮演了舉足輕重的角色，證實「血濃於水」的重

要性。此外，與他同行的遠征者，有不少他的近親、遠親、舊識、朋友，意義非凡。

在義大利當了三年普通士兵，二十歲左右回到西班牙，之後是否繼續從軍，是個謎團。生活不太得意，在塞維亞風聞發現新大陸的種種消息，無顯赫的家世、文盲、曖昧的私生子，在西班牙前途無亮，到新世界淘金尋寶致富是極大的誘惑，躍躍欲試，遠方向他招手。

一五〇二年出航

一五〇二年前往新世界的遠征隊，可說是西班牙規模最大的。三十艘船舶裝載兩千五百名乘客，包括被未知吸引的士兵、被王室派遣來確認、鞏固對新發現領土之權威的一群公務員、懷抱傳教熱忱理想的神職人員、工匠、及一些決定在新土地定居過新生活的家庭……等。

當這群滿懷希望的西班牙人，在聖多明尼克島上岸之後，眼前所見，與其夢想及在西班牙的傳聞有極大的差別。島上僅有先鋒者建造的四個小村落，且到處都不安全。印第安人抵抗加諸其身的勒索、苦役及被迫遷徙。他們攻擊西班牙人的堡壘的次數越來越多，要深入島嶼內陸是愈來愈困難與危險。有些地方竟然公開叛變。

西班牙人與印第安人接觸後，後者感染歐洲大陸傳遞來、他們毫無抵抗力的疾病，死亡人數不計其數。西班牙人的命運也好不了多少，發高燒、不習慣的食物引起消化系統疾病、飢

餓引起的營養失調、身體器官功能不足。抵達一年之後，兩千五百名過半數已魂斷異域。

深入西斯班紐拉島內陸西南部與東南部，成立新村落，也殺戮印第安人。西班牙人發展畜牧業，牛、馬、豬很快繁殖，增加收入。印第安人傳統的社會組織被破壞，生活方式被搞亂，被迫去從事他們不熟悉、不習慣的勞動。病逝、過勞死，人口遞減造成缺乏人工問題。

我們不難想像，西班牙人的小社圈裡，因利害衝突、競爭激烈引發的敵意，有些人得利，另外有些人卻處於經濟不穩。解決之道是，派遣或讓他們自行去探險尚未發現的土地，亦可擴展王權的領域。否則不得意者將演變成威脅社圈的危險份子、麻煩製造者。在這種情況下，比沙荷的前途如何呢？

走出匿名

一五〇九年十一月中旬，歐赫達率領三百名人員，往南航行，在目前的哥倫比亞北部成立幾個據點。與印第安人激戰，西班牙人亦有傷亡，歐赫達決定回去西斯班紐拉尋求援助。比沙荷被賦予保護軍營的重任，三十二歲的他已在美洲居留十年，他首次走出匿名，其領導能力、克苦耐勞精神被賞識。駐守預定的五十天之後，眼不見支援來臨，於是歸航西斯班紐拉島。

回航的兩艘帆船，其中一艘遇到海難，船員全部喪生。另外一艘則巧遇一支欲探險海洋的遠征隊。比沙荷及隨行的三十四名服膺華斯哥・努尼耶・得・巴包阿（Vasco Nunez de

Balboa，1475 – 1519），於是再折回原地。巴包阿指派比沙荷為副官，多次進入內陸進行勘察，成立達利安舊聖瑪利亞（Santa Maria la Antiqua du Darien），這是西班牙在「黃金卡斯地爾」（Castille de l'or）建造的第一個真正的城市。巴包阿則另外率領一百九十名人員溯阿塔多河（Atrato）而上，亦步行數月，熱帶叢林悶熱、瘴氣難耐，於一五一三年九月二十五日，抵達南部海洋，他是首位發現太平洋的歐洲人。隨行人員只剩下八十位，以卡斯地爾王朝名義擁有這塊土地。

西班牙王朝不久任命總督彼塔西亞斯・達維拉（Petrarias d'Avila）前來管轄。他派遣遠征隊去珍珠島、巴拿馬西北部，比沙荷皆當副官成行。幾次遠征成果不一，主要在尋求及擄掠印第安人當奴隸。

一五一九年八月十五日，達維拉創建巴拿馬聖母升天城（Nuestra Senora de la Asuncion de Panama），比沙荷當然是此新城的首批居民。他成為達維拉的親信，十年期間，出征不計其數，其勇氣、毅力、堅韌被肯定。他被分配附帶有印第安人的屬地（encomieda），依個人功勞配給印第安人數目，雇主須負責傳教，負擔印第安人的宗教教育。前者時常要有防衛、備戰能力，後者每年須奉獻兩次，亦須工作某些日數。此制度缺乏管制與保障，故容易被濫用。

社會地位提高

來到異地近乎二十年，比沙荷之勇謀，使他從一藉藉無名

的私生子，晉升到巴拿馬新社會的上層階級，他還當過市政長官及法官呢！算是小有成就。所謂城市其實是村落，衛生條件差、溼氣重、營養不良、抵抗力差，罹患疾病及死亡率高。一五二九年，巴拿馬才只有七十五名人口。不知征服者當時的內心感受如何，他們只是歷史巨輪中一環節。遠征的原動力在期待更美好的遠景，未被發覺的土地代表希望。

來自西班牙巴斯克地區的巴斯庫哈・得安塔哥耶（Pascural de Andagoya，1495－1548），從巴拿馬出發探險哥倫比亞西北部海岸，一五二三年深入內陸聖璜河（San Juan）。與夥伴帶回一些黃金回巴拿馬，他們誇大其詞說到過秘魯，宣傳他們風聞更南部富庶印加帝國之存在。

首次南征：一五二四年十一月至一五二五年七月

受到安塔哥耶往南開路先鋒之啟導，一五二四年十一月中旬，比沙荷首次以領隊身分，率領一支一百一十人的遠征隊 **03**，分別搭乘兩艘船離開巴拿馬向南駛行。他們上岸覓食，在險峻的山上、叢林、河流艱辛步行，飢熱交迫、加上降雨不停，西班牙人認為「地獄是不會比這裡更糟的」。精疲力竭、滿身泥濘、腳被刮傷，再度上船，又須與海浪搏鬥，最嚴重的是已無食物充飢。

隨行人員表達返回巴拿馬意願，比沙荷以雄辯才能說服空手而歸的窘態與失去榮譽，遠方存在找到黃金的希望。雖然如此，參與者持質疑態度。幾度上岸皆重覆一樣的故事：沒碰見

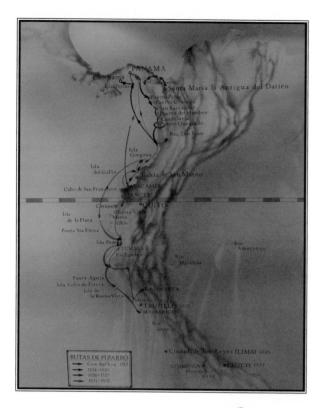

印第安人，找不到食物，連續的熱帶雨、蚊蟲猖獗。他們有一
次找到印第安人村落中煮人肉的鍋子。為了搶劫印第安人的村
落，雙方展開激戰。危機四伏，受不了團隊的壓力，比沙荷終
於決定打道回府，向北航行，不過他個人不想回到巴拿馬。大
概是無顏見當地的西班牙人，且須面對遠征出資者的債務問題。
他先到印第安村落修夏麻（Chochama）待幾個月。

　　第一次南行遠征達六個月。

第二次南下：一五二六年一月至一五二八年三月

　　第一次南下無具體成果，比沙荷意猶未盡，想再度嘗試遠征。他指派遠征合夥人迪耶哥・得・亞馬哥（Diego de Almagro 1475－1538）向巴拿馬總督求情，後者不太情願地同意，且任命亞馬哥為下次遠行的副官。

04 亞馬哥在故鄉亞馬哥的雕像

一五二六年一月，比沙荷、亞馬哥、一百六十名隊員、幾匹馬、戰鬥狗、及不少火槍，再度揚帆。抵達哥倫比亞聖璜河一帶，與印第安人血腥接觸，奪取其黃金、把俘虜備當到巴拿馬以奴隸販賣。雖然有些許成果，比沙荷需要更多人手，故派遣亞馬哥返回巴拿馬尋求增援。亦派一位領航員領導部分隊員南下探險，他則率團潛入內陸尋金。

05 亞馬哥畫像

領航員於兩個月期間到達厄瓜多爾西北部海岸。有一天，在海上遇見一艘載滿金銀、珍珠項鍊、製作精緻衣服等種種商品的印第安船隻。他們擄獲船隻與商品後，折回聖璜河與比沙荷一行人相會。戰利品證實遙遠南方富裕王國的存在。

比沙荷這邊則士氣低沈：精疲力盡、心灰意懶、不是病逝，就是被鱷魚吞噬。倖存者詛咒其命運，真是生不如死，開始埋怨比沙荷把他們帶到人間煉獄。亞馬哥從巴拿馬帶來援兵與食物，他們才有勇氣繼續南航。

他們行至厄瓜多爾聖地牙哥河出口，沒什麼實質的重大斬獲。離開巴拿馬幾乎一年半，大部分的人皆想回去養兵生息與增兵之後，才再南下。亞馬哥再度被派去巴拿馬求援，且帶一封信給總督，比沙荷與剩餘的八十名留在高羅島（l'île del Gallo）等待。

三個月之後，總督派兩艘船來調查遠征隊情況，且意圖載回隊員，蓋隊員在家書中抱怨其絕望，且遠征超耗資的。遙遠秘魯的黃金及榮耀，或是在巴拿馬過著窮苦、無遠景的生活，選擇其一。經過激烈、緊張的討論之後，十三名隊員志願隨比沙荷留下來。在島上過著「魯賓遜漂流記」般的生活，等待亞馬哥求情消息。總督被說服，再給比沙荷及合夥人六個月的期限。比沙荷一行人南航至秘魯北部，幾次上岸遇見的印第安人態度友善，交換禮物、歡宴。比沙荷帶回不少印第安男童，以備充當下次遠征口譯員。

　　一五二八年三月，他們回到巴拿馬。比沙荷鋼鐵般的意志、毅力帶來成績，秘魯確實存在。大家慶賀其成功之際，他百感交集，回憶探險之艱辛、痛苦、多少人喪命。未來艱鉅的任務在等著他。

回西班牙陳情

　　下次遠征需要更多的資源，比沙荷與合夥人商量結果，由他代表回西班牙向查理五世陳情。於一五二八年年中回到西班牙，帶來印第安人、羊駝（lamas），及從秘魯帶回的種種東西，到托雷多觀見國王。自從哥倫布探險歸來之後，後續者進朝廷之際，皆會展示新大陸異域物件，來炫耀一番。一五二九年七月二十六日，簽訂「托雷多合約」，授權比沙荷繼續進行發現及征服秘魯，被任命為秘魯總督及統帥，發給年金。他的兩位合夥人亞馬哥、耶那度‧得‧律克（Hernando de Luque），及跟

隨他的遠征隊員皆有年金及賞賜。

前往塞維亞準備回去美洲大陸之前，比沙荷拐個彎回歸故鄉突錫尤。離鄉背井逾三十五年，一五二九年夏季可說是光榮回鄉，被皇上授予重任，前途無量。他召集前面提過的三位同父異母的弟弟，及另外一位同母異父的弟弟。一五三○年一月底，比沙荷與一百八十五名人員、六位多明尼克派教士分別搭乘四艘船，先後離開安達魯西亞。

第三次南下：征服秘魯

一五三一年元月底，三艘船載著比沙荷、一百八十名隊員、三十幾匹馬及火炮，出航駛向秘魯。異於前兩次，此次南下目標在軍事征服。他們首先在厄瓜多爾北岸登陸兩星期，訓練士兵適應當地地勢，比沙荷分別指定兩位弟弟耶南度與璜為副官及隊長。

繼續沿岸南行，像以往一樣，蚊蟲及缺乏飲用水帶來問題，須掘深井才有水喝，很多人發高燒、腹瀉、全身乏力、體力透支。碰到的印第安人無什抗拒，或是燒燬村落逃到山區。十一月底，西班牙遠征隊抵達厄瓜多爾最西部的聖海倫海灣。

厄瓜多爾古亞奇海灣（golfe de Guayaquil）普拿島（Puna）的印第安人，與秘魯西北部敦貝斯地區（Tumbes）的印第安人處於敵對，他們交戰。西班牙人被捲入參戰，比沙荷學得一珍貴教訓，利用印第安人之分歧，玩弄讓他們互相殘殺之遊戲，這是他以後慣常運用的政策。

十二月初，兩艘從尼加拉瓜來的船隻，帶來一百名左右的

士兵、二十五匹馬、武器、食物。遠征秘魯前夕，大量支援具有決定性作用。與印第安人接觸，交涉談判，或者血腥激戰，殲滅對方。一五三二年四月初，與敦貝斯（Tumbes）的印第安人結盟，展開進軍秘魯的壯舉。

印加帝國內部分歧

七個月期間，西班牙人進入秘魯，走過沙漠、綠洲，卻未見到華麗的城市，及他們期望的金銀財富。他們越過北部地區時，數度目睹印加帝國嚴重內戰造成的後果。前任皇帝一五二八年過世，兩位異母的皇儲爭奪王座，西班牙人來秘魯時，印第安人內戰已斷斷續續打了三年。除了王位繼承戰爭之外，印加帝國併吞了原本獨立、自治的不同族群。有的是和平屈服，有的是殘殺、破壞鄉鎮、村莊讓居民無法生存。所以說，這不是一個統一、眾望所歸、民心擁戴的帝國。被征服的族群貴族表面上是服膺，其實痛恨印加，把他們視為侵略者，一有機會就思叛亂。

西班牙人漸漸意識到這大好機會。雖然遠征軍隊與帝國軍力無法比擬，但比沙荷的政治、軍事智謀，其副官也了解利用族群之間的衝突與仇恨，他們是有成功的機會。

皇帝阿達胡巴之死

前兩次到南美洲探險之際，西班牙人傳播例如天花新的疾病。當時印加皇帝到北部巡視，感染此疾過世，其王位繼承者

不久亦得此病。

一五三二年十一月十六日，西班牙人來到印加省區首都卡哈馬卡（Cajamaca），印加首領阿達胡巴（Atahualpa，1497－1533）稱霸秘魯北部，其部隊打敗在帝國首都庫茲哥（Cuzco）稱帝的同父異母弟弟胡阿斯卡爾（Huascar，1503－1532），把他俘虜。

阿達胡巴接受比沙荷邀請，伴隨無武裝的侍從，在卡哈馬卡主廣場相會。一位西班牙教士懇請印加皇帝改奉上帝，呈遞《聖經》。後者拋擲聖書，且質問教士：西班牙人入境秘魯，進入帝國偷竊，須歸還贓物才能離境。比沙荷藉機率領二十多名士兵活擒阿達胡巴。馬匹踐踏、嘶叫、炮聲隆隆，皇帝被活擒—凌辱聖體，皇帝貴族隨從及廣場附近布陣的印第安戰士，震撼於此無法想像的褻瀆聖物行為，束手無策、無任何反抗。結果死傷不計其數，成為俘虜的印加皇帝感到憤怒、不解，詛咒其宣稱可擊敗西班牙人的大將。西班牙人與印第安人相比，可說寡不敵眾，比沙荷慶祝此成果是天意、神蹟。西班牙人征服新世界最著名的事件之一，於一五三二年十一月十六日晚間落幕。

阿達胡巴提議以填滿他四十平方公尺囚房之金銀財寶作為贖金。三名西班牙人南下，去遠在一千五百公里之距離的首都庫茲哥取金。他們在路途遇見阿達胡巴的敵手兼俘虜胡阿斯卡爾。庫茲哥富麗堂皇、金碧輝煌的宮廷、神殿，令這三名西班牙人震懾，他們受到熱烈的歡迎、尊重，被印第安人視為上天派來的使者。一個月半之後，跟隨兩百位印第安挑夫，滿載而

歸。

　　獲悉胡阿斯卡爾建議與西班牙人聯盟之陰謀，阿達胡巴先下手派人暗殺前者。四月中旬，亞馬哥與一百二十名西班牙人，出乎意料地來到卡哈馬卡，他欲參與征服秘魯，且分得一杯羹。其來臨為將來西班牙人的自相殘殺種下禍根。

　　依照官階等級分配、賞賜戰利品、贖金之後，西班牙遠征隊並沒得到滿足。亞馬哥的士兵感到憤怒，甚至，比沙荷部隊也認為其報償低於其功勞，別人分得較多，不滿、緊張情緒再度浮上檯面。

　　此外，數千名印第安戰士，隱藏在卡哈馬卡附近山區，構成嚴重威脅的傳聞，越來越頻繁。他們等待援兵及一聲命令，就會圍剿此城，殺盡西班牙人，拯救阿達胡巴。

　　阿達胡巴另外一位與他敵對的弟弟，投靠西班牙部隊，揭發阿達胡巴罪行、及除了北部其地盤地區外並不得民心。後者的階下囚地位岌岌可危，西班牙士兵、胡阿斯卡爾的黨羽、及為西班牙效忠往昔印加奴隸，皆要求阿達胡巴的死刑。比沙荷召開軍事會議決定判印加死刑。其罪狀是謀殺胡阿斯卡爾及背叛西班牙人，欲加其罪，何患無辭。印加雙手被反綁、鐵鍊繞其頸，他似乎不太相信此事實，甚至提議可供應比當初更多的贖金。本來，他被判決在主廣場活活燒死，他詢問基督徒死後歸宿是何處，願意成為基督徒。他沒被減刑，只是被改成絞刑。成群的妻妾，有的自殺，比沙荷及西班牙人則分配逝者的妻妾。

　　印加皇帝之死是必要的嗎？文化衝擊之下，他無法捕捉西班牙人的心態，萬萬也無法料到會被處死。至於西班牙人這方

面，讓印加皇帝存活，意味其擁護者將會起義，遠征整個秘魯壯舉就無法順利進行，對前途是一場舉棋不定的賭注。編年史者多多少少赦免比沙荷的責任，把它當成權力政治之後果。

自相殘殺

比沙荷於一五三五年元月建造利馬。亞馬哥被任命為秘魯一大部分領土之總督。與比沙荷的主要爭執在於印加富庶首都庫茲哥到底歸誰。為了避免正面衝突，後者建議將協助亞馬哥去征服智利。但智利之行並無預期的收穫與成果，亞馬哥空手折返庫茲哥。他決定強奪此城，俘虜比沙荷兩位弟弟，但不久即釋放。

一五三八年四月，亞馬哥與比沙荷兩派系，在拉斯·沙利那斯（Las Salinas）展開激烈的戰爭。前者被擊敗，成了耶南度的囚犯，幾個月後，被以絞刑處死。比沙荷是否對於亞馬哥的判死事先知情？他保持一慣的沉默之後，甚至公然顯示不尋常的慍怒。往昔同夥人的悲慘下場，引起的心靈震盪，比沙荷陷入憂鬱症。數十年的共謀、友誼，在互助、患難與共、團結、失敗中慢慢滋長，關係變得密切、堅固，卻為了爭權奪利而中斷。比沙荷意識到亞馬哥之死，將導致嚴重的政治後果，影響秘魯的前途。

以邏輯的分析，亞馬哥的死亡似乎是必然的結果，一山不能藏兩虎，一國不能有兩王。除非他在智利有重大斬獲，滿足其野心、統治權力、金銀財寶欲望。一五三八年四月至

一五四一年六月，比沙荷家人不須與強敵對勢，獨自掌權，但如何和平統一、實施行政管理，則充滿陷阱。

　　樹大招風，權力、財富集聚在同一家族，遠征衍生的貪婪、自私、暴力後遺症。沒分到大餅的西班牙同胞，嫉妒、不滿，尤其是擁護亞馬哥與巴拿馬印第安女子所生的混血兒子迪耶哥一夥人，伺機報復。比沙荷試圖在南部緩和人心、招攬亞馬哥派系。雖然他採取平撫政策，但亞馬哥黨羽積恨已深。比沙荷的親信警告他緊張情勢，他聽天由命，不以為意。一五四一年六月，他在宅第被一群叛變份子刺殺身亡 。遺體被葬在利馬大教堂。

　　一五三七年十月，查理五世賞賜他侯爵的尊位，他與墨西哥征服者柯德斯，是兩位僅獲勛位的征服者。

比沙荷故鄉突錫尤

　　二〇〇六年七月，第二次去西班牙做深度之旅時，路過突錫尤，停留數小時。主廣場上聳立的比沙荷騎馬青銅像特別醒目 07，只知道他征服秘魯、創建利馬，對他認識不深刻。

06 比沙荷被刺殺

07 比沙荷騎馬英姿

　　四年之後，閱讀過他的傳記及資料，再度造訪此鎮。我與
外子去參觀比沙荷故居博物院 **08**。他的遠征秘魯，對印第安人
是禍是福？十六世紀的秘魯，印第安人沒有家畜、馬匹；除了
金銀財寶，日常生活不使用金屬製品；初次目睹穿戴盔甲騎馬
而來的西班牙人，以為是從天而降的外星人。鉅大的文化衝擊、

08 比沙荷博物館

震撼無可避免，若不是西班牙人開先鋒，其他歐洲國家在十幾年、二十幾年之後，也必然將登上新大陸，南美洲不可能永遠與世隔離。

博物館樓下布置成十五世紀西班牙鄉紳住宅，樓上改造成展覽室。敘述（一）美洲初期（二）印加帝國（三）接觸（四）

09 來自美洲的農作物與水果

09 圖片說明：

1. 向日葵
2. 木薯
3. 仙人掌果實
4. 珍貴木材
5. 菜豆屬植物
6. 榴槤
7. 玉蜀黍
8. 蕃茄
9. 鳳梨
10. 鱷梨
11. 木瓜

12. 南瓜
13. 西葫蘆
14. 煙草
15. 花生
16. 香草
17. 辣椒
18. 甜椒
19. 巴西核桃
20. 馬鈴薯
21. 金桔
22. 芭樂

23. 古柯因
24. 草莓
25. 蕃薯
26. 可可子
27. 洋姜
28. 百香果

殖民時期的秘魯（五）比沙荷之死。最有趣的是美洲與歐洲農作物、水果互相交換之圖片 **09**，例如可可、煙草、番茄、玉蜀黍、香草、辣椒、桔是從美洲輸入歐洲。我敬佩比沙荷超人的膽識、不畏死精神、敢向未知挑戰，虔誠的宗教信仰，深信命中注定、上帝是站在他那一邊。這股信心、人格特質，促使他實踐歷史創舉使命。

午後六點半，太陽還是炎熱，我們在城堡爬上爬下，手持此鎮的英文觀光指南。由於有車輛管制，古城街道極少行人，淺棕色的黃土建築是否都有人居住呢？

四方八里內唯一海拔五百六十米的花崗石坡地，羅馬帝國時代就存在被看好的設防村落，西哥德人統治時期成為交通重鎮。我一一觀賞這座開放式古城博物館之建築。不期看到引人注目的歐瑞拉拿（Orellana）青銅雕像 **10**，面貌呈現出剛毅、果敢性格。他是比沙荷的同鄉，與後者一起遠征秘魯。他率領一群人深入內陸，尋找當時在歐洲比黃金更貴重的桂皮（cannelle）。因被長髮的兇猛印第安人攻擊，誤以為是女戰士（Amazones，源自希臘神話），故把巨河命名為亞馬遜。

我們在主廣場一家餐館晚餐，往窗外望，征服者的四層樓豪宅（Palace of the Conquista）**11**，是比沙荷弟弟耶南度回到西班牙，被囚禁二十年之後，在故鄉建造一座宅邸，與其妻（亦是其姪女，是比沙荷與印第安公主生的女兒）在此安享晚年。角落陽台兩邊雕刻石柱之間，有比沙荷及其妻印第安公主和耶南度夫妻的半身石雕像。上一層是比沙荷家族勛章。

二〇一〇年六月中旬，晚餐畢，九點多，夜幕尚未低垂，

偌大的主廣場人不多，寂靜蕭條，只有片片晚霞、聖馬丁教堂、鸛鳥（cigogne）飛翔、訴說歷史的比沙荷騎馬英姿青銅像。

⑩ **歐瑞拉拿**（Orellana）：
突錫尤鎮紀念他。

11 耶南度在主廣場豪宅

印第安人之父：
巴托羅梅・得拉斯・卡薩斯

志向之孕育

哥倫布發現新大陸，五個
月之後回到西班牙，首航凱旋
歸來攜帶之珍禽異獸、金塊及
印第安人，在塞維亞引起好奇、
騷動與迷戀，議論紛紛，此情
此景深深烙印在九歲的巴托羅
梅・得拉斯・卡薩斯（Bartolomé
de Las Casas）的腦海裡。他的

01 他的畫像

父親與叔叔參與哥倫布第二次航行。他於一四八四年在塞維
亞出生，母親開一家麵包店，父親則是流動零售商販。一五
〇二年二月中旬，哥倫布第四次亦是最後一次遠航，拉斯・卡
薩斯是其中一成員。

到達聖多明尼克島數月之後，逾一千名殖民者紛紛倒
斃，教士來不及為他們舉行葬禮。倖存者亦存在利益衝突。
一五〇三年，拉斯・卡薩斯成為擁有土地及印第安人之地

主。一五〇三年他成為教士。一五一一年十二月二十一日，一位多明尼克教派修士，揭發殖民者對印第安人剝削、壓迫、虐待之嚴重罪行 02，深深震撼他，但殖民者覺得深受侮辱。

布格斯法令

捍衛殖民者的方濟會修士與站在印第安人立場的多明尼克教派修士，各派代表回西班牙向斐迪南國王陳情。一五一二年年底，首次制定有關西印度的法律，稱為「布格斯法令」（Burgos），它顯示王朝對於海外新屬地的政治

02 印第安人被殘殺

及如何對待印第安人。強調殖民者須負責印第安人的宗教教育，制定印第安人的工作，禁止虐待，也規定提供後者的食物、衣服、住宅。禁止其宗教節慶及隨後之豪飲，也計劃教育酋長的兒子。對保護印第安人那一派，此法令內容不足，且難以執行。

除了多明尼克島之外，西班牙人向波多黎各、牙買加、古巴擴展。拉斯‧卡薩斯於一五一二年到古巴，當隨軍布道牧師。他因和平傳教有功，被賞賜一大塊地及許多印第安人。他目睹無辜的印第安壯丁被殘殺，意識到剝削印第安人與拯救靈魂無法並存，決定改行。於八月十五日聖母升天日講道，在殖民者

面前公然揭舉對和平無辜者，他們之盲目、不義、殘忍。其激烈言論引起西班牙人之敵意，他在古巴很難再待下去。

多明尼克島礦物、土著、土地集中在少數人手中，具有不良效果。只想淘金，西班牙人忽視發展農業，故時常缺糧。倒是牲畜不斷繁殖，肉價因而下降。開墾森林建造船隻，因木質不佳而無法順利進行。

離開古巴，意味向過去告別，展開一個新的遠景，他志願終生獻身捍衛印第安人，意識到布道傳教效果不彰，須回西班牙向上級遊說。

拯救印度備忘錄

拉斯・卡薩斯得以覲見天主教國王斐迪南，後者細心聆聽，應允再度接待商討政策。不幸地，斐迪南於赴塞維亞途中病歿。主教兼攝政王西司內荷斯（Cisneros）在馬德里，委託他與一位神學博士及一位多明尼克教派修士，共同思索印第安人之自由及如何統治他們。《拯救印度備忘錄》起草、出爐，數十年之後，拉斯・卡薩斯撰述他留名青史的自傳《印度史》（ Histoire des Indes ）中，僅提到他認為最重要的：完全廢除分配制度（repartimentos）及苦役制度（encomiedas）。

《備忘錄》的內容像是設計社會草案，建造一個理想、和諧的人類社團。把印第安人聚集在村落，由誠實、有知識的宗教人士，一手負責新草案之執行。社團設有一座教堂、一個醫療站。規定工作與休息時間，使每個人皆過著安樂、平靜的生

活。星期四是宗教教育日。教導印第安人對社團有益的技巧：養殖歐洲進口的動物及種植新的植物。西班牙家庭須到村落居住，負責傳授五位印第安人這些技巧，且與後者分享成果。在所有的村落向印第安人宣布，西班牙王權公布其享有人權及奴役終結。同時每位西班牙人皆不能忽視「印第安人須以自由人被看待」。

西司內荷斯極贊同此草案，與高階層商議後，決定派遣聖哲羅姆（Saint Jerome）教派修士前往，拉斯・卡薩斯則被任命為「印度所有印第安人的全權保護者」，職責是教導、建議被派遣的修士，如何實踐其任務，且向主教兼攝政王報告。但是，一旦到了殖民地，修士完全自行其是，與拉斯・卡薩斯關係惡化。後者決定回西班牙繼續奮鬥。

在中南美洲和平傳播福音

拉斯・卡薩斯屬於來美洲的首批征服者，他首先在加勒比海島嶼實踐理想，雖然效果不彰。一五三四年已屆五十歲，仍然精力充沛，為理想奮鬥，不改其志，堅信西班牙的神聖使命，他是其播種者。

柯德斯征服墨西哥之後，方濟會修士於一五二四年捷足先登，建教堂、布道，扮演舉足輕重的角色。比沙荷遠征秘魯之際，不少多明尼克教派修士亦參與。比沙荷與亞馬哥兩派系利害衝突，一五三四年，王權決定派出宗教人士，去查明比沙荷家族一意孤行真相，及尋求雙方互相禮讓之道。拉斯・卡薩斯

03 華拉杜利德多明尼克教派修道院教堂

即是其中一員。這一批宗教人士順風先抵達巴拿馬，由於當時航海還不太懂得太平洋風向，他們到不了秘魯，而在尼加拉瓜上岸。

　　尼加拉瓜的天然美景，被讚喻為人間樂園，自從西班牙人來到此地，印第安人大量殲滅，加上總督執行恐怖政治。發現秘魯之後，居留尼加拉瓜的征服者，紛紛前往秘魯開創較美好的前途，引起尼加拉瓜雛型社會危機。一五三五年、一五三六年，拉斯·卡薩斯與修士同伴，被王權授予發現新地區及傳播

福音之專有權利。彰顯和平傳教原則,使用強制手段是最後一招。拉斯‧卡薩斯與尼加拉瓜總督意見不合,傳教效果不明顯,於是轉移陣地到瓜地馬拉。

　　一五三七年六月,教皇頒布諭旨,確認印第安人之理性、人性及接受信仰的能力。不能把他們迫處於奴役狀況,剝奪其自由及財產。在此有利條件下,拉斯‧卡薩斯獲得瓜地馬拉總督許諾,允許印第安人僅做有限度的貢獻義務。永遠不再被分配在苦役制度下,五年期間,除了傳教士與總督外,任何西班

牙人皆不淮深入其居住地。但後者不遵守禁令，試著繞圈子圖私利。

他在中美洲的和平布道使命，總結是成敗參半。與殖民者的利害關係直接衝突，他們決定不妥協，變本加厲擴張利益。可見拉斯·卡薩斯任務艱辛，但他的熱誠、意志、說服力絲毫不減，打算回國覲見國王，招募更多的傳教士。

一五四二年的新法令

一五四〇年五月下旬，拉斯·卡薩斯抵達西班牙，因查理五世在德國處理歐洲事務，他到華拉杜利德居留，撰寫《破壞印度的簡述》（ *Trés brève relation de la destruction des Indes* ），嚴厲揭舉半世紀以來，西班牙人在美洲地區所犯的罪狀，及期望停止遠征、殖民計劃。一五四一年皇帝回到伊比利半島，一個月之後，拉斯·卡薩斯謁見他。皇帝決定親自督察印度委員會、委員如何完成任務。四月初，卡斯地爾國會開會亦無遺忘印度問題，他們懇請皇帝制定針對殘忍對待印第安人之處方。由印度委員會部分委員、法學家、具有美洲經驗的行政官、及菲利普王儲一位教師等，共十二人組成的特別委員會，商討及以書寫表達每個人的意見。

一五四二年十一月二十日，在巴塞隆納頒布的法令，歷史上稱為「新法令」，總共四十個條文。

半數條文有關鞏固王權，在利馬及中美洲成立新的王室法庭，抑制殖民者權力。

第二部分直接針對印第安人：從此，任何印第安人皆不能被視為奴隸，甚至起了叛亂，未來他們還是將被當做臣民看待；事實上，他們本來就是如此。任何印第安人皆不能被雇當家僕或被迫當農工。之前已當奴隸者將無條件被釋放。禁止過重的負荷。

許多條文涉及分配制度，以「所有被配給的印第安人皆是被濫用的犧牲者」為原則，王權決定行政官及宗教人士，皆不能再享有此制度。今後禁止殖民政權特許新的分配制度；至於擁有征服者正式頭銜，而合法取得配給印第安人，過世後，其子孫將不再享有此特權。王權今後將以個案處理征服者後裔問題。

拉斯‧卡薩斯及自然法原則對新法令的影響很明顯。前者的生涯向前跨大步，其說服力、理論受到上級重視。西班牙朝廷也意識到：該慎重經營美洲這塊土地。

殖民地對新法令的反應

新法令的內容在美洲傳開後，引起極大的震撼。殖民者尤其憤慨配給制度失去永久性。墨西哥城市的市政會議，向王權代表表達其驚慌失措，於是派密使到西班牙陳情。一五四二年王權代表在秘魯執行新法令，亦遭到激烈反對。印度委員會成員意見分歧。為了平息與撫慰殖民者之憤怒與不安，查理五世於一五四五年十月，允諾「分配制度」可擴延一代。暫時迴避「到期」引起的窘境，屆時後果如何則無人談論。

一五四二年、一五四三年，拉斯‧卡薩斯得到皇上恩寵與信任。他本可在美洲獲得主教職位，但他選擇墨西哥與瓜地馬拉邊境喜阿巴斯（Chiapas），一個貧窮、落後地帶。一五四三年至一五四六年期間，雖然物質條件缺乏，面對殖民地生活實況，正在建造一個殖民社會的粗魯殖民者，確信其合法性，決定不妥協。他鐵般的意志，堅守其原則亦不讓步。我們可預料與殖民者的衝突將無可避免。

智性對手璜‧吉耐斯‧得西普維達的論據

印第安人持續不懈的捍衛者，深知印第安人的存活命運決定權在西班牙，拉斯‧卡薩斯認為侷限在區域傳教，其影響力無法全然發揮。一五四七年春天，他回到歐洲。

其智性敵手璜‧吉耐斯‧得西普維達（Juan Ginés de Sepúlveda，1490－1573），以拉丁文撰寫《另一種民主或對印第安人的正義戰爭》（*Democrates alter, sive De justis belli causis contra indos*）。沒獲准印度委員會同意付梓，他轉向卡斯地爾議會裁決。但後者宣稱無權能判決，於是請沙拉曼卡及阿卡拉‧得恩納瑞斯（Alcala de Henares）兩所大學學者教授討論決定。西普維達於一五三○年初期，已經在羅馬出版《民主：戰術與基督教之相容性》（*Democrates, sur la compatibilité de l'art de la guerre et de la religion chrétienne*）。因當時一所大學熱烈討論所有的戰爭，甚至是防禦性，皆不公正，蓋與基督教原則相悖逆。

在《另一種民主》一書中，西普維達根據亞里斯多德在《政

治學》引述的「天生的奴隸與主人」概念，辯論西班牙遠征印度的正當理由，以書中人物道出其信念：西班牙在美洲的戰爭是必須的，它讓印第安人食人及用人祭祀的罪行不再持續，也解放、避免未來的犧牲者。其論據是印第安人是次等人，故天生須臣服於較高等的西班牙人。上述兩所大學否決其理論。

面對敵方的論據，拉斯・卡薩斯指出自然法之明確和其實際效果，適用於所有的個體，基督徒或不信教者，享有自由及財產。他的結論是，西班牙不能為了其靈性與舒適，聲稱有權統治印度。他寫下一個新的條約「三十項建議」。雙方各持己見，一五五〇年四月十六日，查理五世召集一個政務委員會裁決此項重大、難解問題。

華拉杜利德論戰（La Controverse de Valladolid）

就西班牙殖民史及拉斯・卡薩斯個人生涯而言，華拉杜利德辯論是一重大事件。其意義非凡，它是世界殖民史中，唯一辯論遠征及殖民之合法性。

一五五〇年八月，華拉杜利德多明尼克教派修道院聖葛哥里歐（San Gregorio）的教堂內 03 04，齊聚印度委員會委員、卡斯地爾議會議員、行政高官、四位傑出宗教人士等十四位，聆聽、討論西普維達與拉斯・卡薩斯的論據。他們表達時，對手並不在場。

前者提出統治印第安人、必要時可訴諸武力的合法性，其理論依據四點：（一）其偶像崇拜及違反自然的犯罪；（二）他

們的野蠻及奴役天性；（三）使他們臣服似乎是確保傳播福音的最佳方式；（四）美洲諸多部落民族的食人肉習性及以人祭神習俗。

後者認為須以和平方式勸服，傳導福音，非強制、訴諸暴力。美洲民族既不野蠻、亦非未開化，一點也不符合亞里斯多德所謂的天生奴役。至於要阻止食人習性及祭神未來的犧牲者而引發的戰爭，將會造成更多無辜的犧牲者。他們這些習俗的確該受到譴責，但主要來自於無知，而非源於根本的邪惡。故須以言語使其改變，代替毫無憐憫地懲罰。

雙方各執一詞，論戰持續一個月後停止。一五五一年四月中旬再度進行一個月。結果沒作出真正決定。拉斯‧卡薩斯自認為其理論獲勝，雖然在美洲沒徹底執行。

一五五一年六月初，他被派去安達魯西省多明尼克修道院招聘前往美洲的教士。在塞維亞居留八個月期間，他把《印第安人主人告解者手冊》（ Manuel des confesseurs des maitres d'Indiens ）及《破壞印度簡述》，不經官方允許就付梓。一五五三年，也出版「三十項法律建議」（ Trente propositions très juridiques ），這一連貫的出書引起諸多爭議，尤其是敏感課題作者的堅定立場，給拉斯‧卡薩斯帶來負面形象。

《印度史》及《印度衛道史》使他名垂不朽

一五五三年，七十歲的他已屆垂暮之年，華拉杜利德修道院清幽的環境，利於他整理、編纂生平的兩部鉅作。

事實上，一五二七年，他在多明尼克島時，就已設想、收集資料、開始撰述《印度史》，達二十五年之久。這是一部洋洋大觀的曠世鉅作，法文版共三冊，四百多章。概括一四九二年至一五二二年，新世界痛苦的誕生。書中對哥倫布著墨不少，發現新大陸、遠征、殖民等衍生的問題，皆詳細討論。這是本自傳、個人回憶錄、戰鬥記載。自認為受到上帝垂青，才活到這把年紀。

他解釋為「正義而奮鬥」的動機，建議如何改造歷史，以拯救個人心靈及救國是。他不是書中主要人物，是歷史參與者與旁觀者，西班牙殖民初期的見證，他力圖阻止悲劇重演。

一五五九年十一月，拉斯・卡薩斯把《印度史》稿件委託給聖葛哥里歐修道院權威人士，指示四十年期間不能問世。之後，若修道院認為此草稿對「上帝榮耀及真理呈現」皆有裨益，即可付梓。他預測印度委員會的查禁，事實果真如此。一五七一年他辭世後，王權命令修道院把稿件移交給印度委員會審查。必須等到一八七五年至一八七六年，拉斯・卡薩斯嘔心瀝血之作，終於才與世人見面。

另一部姊妹作《印度衛道史》（ L'histoire apologétique des Indes ），逾兩百六十章，概括新世界所有的民族。蒐集印第安人的資料包羅萬象，他目睹、與歷史事件要角交集過，或聽到、讀過不曾到過地方的資訊。他堪稱為人類學家、人種學家。這部工程浩大的百科全書，不是科學著作，比較像是一部論文。他要證實印第安人天生靈敏、聰明，不亞於古人。某些印第安文明，甚至優於歐洲希臘、羅馬古文明。雖然此部鉅著一九〇九年才

05 馬德里亞度夏聖母修道院

問世，但某些編年史者會提及此草稿。作者獨特的個人經驗，
孕育出內容豐富、研究十六世紀美洲不可或缺的參考書。

總結

一五六五年，他年逾八十歲，覺得必要立遺囑，解釋其生
命意義：超越半世紀的堅持奮鬥，「託上帝之恩慈，我被選為

防衛我們稱為印第安國家，他們的王國、領土，抵抗我們西班牙人毫無理智、不顧正義，加諸其身之不公平及聞所未聞之欺壓」。說明其任務動機源自對上帝之愛，同情謙卑、溫和、單純、有能力接受天主教信仰、依照基督教道德教條生活、具有良好風俗之眾多人，不忍見他們紛紛滅亡。

菲利普二世雖然對拉斯‧卡薩斯禮遇有加，但不像父皇查理五世那麼全力支持，換了君主，外交政策也變了，美洲問題不再是優先考慮的政策。拉斯‧卡薩斯給菲利普二世呈送，〈論財富〉及〈十二項疑問（有關征服者在秘魯的良知問題）〉兩項請願書。

他於一五六六年七月十八日，在馬德里亞度夏（Atoche）聖母修道院 05 與世長辭。

他屬於第一批美洲殖民，西班牙遠征秘魯發現大量財富後，殖民主義邁入另一階段。拉斯‧卡薩斯逐漸成為屬於過去的人物，對朝廷決定不再具有影響力。一五六九年西班牙派去秘魯的副王，竭力抹煞其記憶，重寫西班牙殖民前後歷史，以期改變後世的觀點。殖民者則對他怨恨十足，怒罵其建議，埋怨查理五世器重他。雖然他是當時最受爭議的人士之一，但是其終生鍥而不捨的精神，可說是為理想、個人道德指標奮鬥的典型楷模。至今，印第安人對他發出的「正義之聲」，心存感恩與懷念。

CHAPTER

IV

哈布斯堡王朝入
主伊比利半島

君臨天下王朝：
查理五世的日不落帝國

千禧年春天，里昂市中心一家大書店櫥窗展示十本左右有關查理五世的書，法國慶祝他冥誕五百週年。我花了一百二十歐元，購買最大的一本穿插彩色圖片的傳記《查理五世一五〇〇年——一五五八年》。連續幾天沉浸在認識歐洲歷史及在美洲殖民占舉足輕重地位的這位人物 **01 02 05 06** 。

01 查理五世畫像

查理於一五〇〇年二月二十四日夜晚，誕生於比利時的康城（Gand，當時是布格尼爵國）的王宮（Prinsenhof，現已不存在）。五個月之後，母親華娜成為卡斯地爾王國的繼承者。他出生時，沒人會預料十九年之後，這位年輕王子會

統轄一個龐大的帝國，在西方歷史只有羅馬帝國、查理曼大帝可與之相比擬。

從祖父母奧匈、神聖羅馬帝國皇帝與布格尼女公爵瑪麗，他繼承了低地國（包括當今比利時）及哈布斯堡王朝領土。從母親那邊，則是卡斯地爾與亞拉岡王國、薩丁尼亞、西西里島、那不勒斯等義大利領土，及美洲屬地。父親布格尼公爵菲利普美男子，只當了幾個月的卡斯地爾王，一五〇六年，以二十八英年在西班牙過世。母親被稱為瘋女王，無能力治國。人算不如天算的歷史因素，一五一九年，馬克西米里安一世過世，查理繼承祖父；一五三〇年，登上神聖羅馬帝國皇帝寶座。

一五〇〇年是世紀的轉捩點，也是新舊交替的時代，中古世紀結束進入文藝復興時期，現代的曙光在政治、地理、社會經濟及文化上可見端倪。西歐顯現中央集權的強國：英國、法國、西班牙、包括奧地利、德國領土由哈布斯堡王朝控制的神聖羅馬帝國。

與葡萄牙公主成婚

一五二二年，查理已屆結婚之年，他有兩個選擇：英國或葡萄牙。英國的瑪麗公主及葡萄牙的伊莎貝拉公主 03 皆是其表妹，兩者都是天主教君主的外孫女。低地國方面較贊成英國婚姻，西班牙則較偏愛與葡萄牙聯姻。查理選擇後者，意欲實現讓伊比利半島成為統一王國的政治。

查理大姊伊蕾歐娜爾（ Eléonore，1498－1558）已於

03 伊莎貝拉畫像　　　　　　**02** 查理五世畫像

一五一八年與葡萄牙國王曼紐艾一世（Manuel，1469－1521）結
婚。遺腹女小妹凱薩琳（Catherine，1507－1578）亦於一五二四
年與葡萄牙國王冉三世（Jean III，1502－1557）成婚。西班牙國
會決定葡萄牙公主的原因是，她會講西班牙文，比查理小三歲，
正值生育年齡，查理到他處巡視時，伊莎貝拉可攝政。另一個
理由是：葡萄牙公主的陪嫁財產極可觀。

　　原本是政治婚姻，後來變成愛情婚姻。一五二六年三月
十一日午夜成婚時，伊莎貝拉二十三歲，漂亮、皮膚白皙、碧
眼紅髮。她是查理姨媽瑪莉（Marie d'Aragon，天主教君主的三女）

的女兒，十四歲時就喪母，負起照顧幼小弟妹責任，故有強烈的責任感。婚禮選在塞維亞的阿拉伯王宮，它是天主教君主的王居，查理的舅父、本來是西班牙王位繼承人璜在此王宮出生。其大姨媽伊莎貝拉公主（Isabelle d'Aragon，1470－1498），亦在此舉行與葡萄牙國王的代理婚禮。阿拉伯王宮充滿歷史意義、象徵。查理能榮登西班牙王位，是因為舅父和大姨媽未滿三十歲就過世。

查理皇帝看中塞維亞的另一個政治原因是，此城是征服新世界的象徵，查理五世統治時期，它將成為歐洲的商業首都。印度委員會（Le conseil des Indes）在此成立，相當於殖民部。此城人口從十五世紀末的四萬五千人，倍增到十六世紀末的十二萬人。

婚後十二年，伊莎貝拉共生了五個孩子：一五二七年菲利普，一五二八年瑪莉，一五三五年華娜。一五三九年四月二十一日，伊莎貝拉在托雷多產下第五個嬰兒，此新生男嬰當天夭折，她得了產褥熱。

一五二九年查理在義大利長期逗留，與教皇、王公貴族商議之際，獲悉次子斐迪南出生的佳音。此俊美、圓胖、聲音洪亮、雙眼炯炯有神的小王子，不幸於一歲時早逝。當時查理不在西班牙，面對此悲劇，他強忍精神，謙卑地接受上帝可怕的決定。伊莎貝拉則陷入沮喪、病倒，並且夫君不在身旁，無人撫慰、相扶持。神聖羅馬帝國國事待處理，回西班牙日期一再延後。

離開西班牙四年之後，查理才於一五三三年四月抵達巴塞

隆納，與家人團聚。他此行亦是要募款遠征突尼西亞，驅逐海盜，此計劃在西班牙並不受歡迎，伊莎貝拉亦反對，懇求他留下，但是他還是不改初衷而離境。朝廷一片愁雲慘霧，孤伶伶，沒什麼慶典、歡樂活動，像極了一座森嚴、冷靜的修道院。

經常懷孕、夫君離國時須負擔國事、攝政之操心，種種因素慢慢腐蝕伊莎貝拉的身心。想留住查理而爆發的數度爭吵，初生兒早夭、妹妹沙瓦女公爵蓓亞崔斯（Béatrice，1504 － 1538），分娩一個月後往生的噩耗，這一切皆使她的情緒每下愈況。她時常生病且憂鬱，一五三八年夏季查理歸國，雖然伊莎貝拉較開朗，但沉痾已久。再度懷孕使其健康惡化，雖然有查理陪伴，但一五三九年五月一日生產後數日，則魂歸西天。

與法王方沙一世四十年的敵對

哈布斯堡的偉大君主查理，具有責任感、待人處事有原則，固執、懷抱強烈的宗教情操、木訥寡言，工作認真、嚴謹、理智。法王方沙一世 04 個性迥異，外向、尋樂主義者、工作不專注、放蕩、不守紀律、三心兩意、多言、易衝動。

04 法王方沙一世畫像

十六世紀初期的德國是由無數公國組成的，它沒有像法王、英王一樣的全國領袖。神聖羅馬帝國皇帝是一項榮譽頭銜，他沒權力及財源。此寶座非世襲，而是由七位封建公爵及大主教選出。在法蘭克福以多數票當選「羅馬

王」，由教皇加冕後才正式成為皇帝。他是基督教在俗世的領袖，就像教皇是宗教領袖。德國的真正主人是一些王公，根據封號法令，他們是皇帝的諸侯，他們有其領土、政策，儼然像一個小國君主。皇帝則須規劃國際政治、領導宗教政治。

一五一九年一月中旬，馬克西米里安過世，法王及西班牙王競爭激烈。兩位候選人不惜運用任何手段，包括攏絡、行賄。哈布斯堡的查理已經擁有低地國、法國東部法蘭錫－康地（Franche-Comté）省區、西班牙、那不勒斯等領土。若他當選皇帝，法國則受到四面夾攻，且會把法國人逐出義大利。以義大利之名，法王千方百計想角逐神聖羅馬帝國的權威。低地國的攝政王是查理的姑媽，她花巨款買票，結果查理當選。一五三〇年二月，查理在義大利布隆尼（Boulogne）被教皇加冕。

方沙與查理兩人的敵對，事實就是法國王朝與奧地利王朝在爭奪歐洲霸權。一五一五年九月，法軍在義大利馬利尼亞（Marignan）的著名捷戰，方沙一世收回三年前遺失的米蘭公國。雙方極欲控制米蘭公國，導致兩位君主從事長期耗費、長達三十年的義大利戰爭。一五二一年年底，法王首先採取敵對，對查理宣戰。後者的將軍收復米蘭。一五二五年巴維（Pavie）戰役，法王被擄，是史上罕例。

法王被關在馬德里一塔樓，其母與查理談判贖金。方沙歸國似箭，蓋英王亨利八世趁機覬覦法國某些領土。法王試圖逃脫未成，假裝接受查理訂下的所有條件。條件是釋放他回法，以安排把布格尼領地回歸給查理。

在此情況下，「馬德里和平條約」於一五二六年一月中旬

簽訂。此條約亦規定，鰥夫的方沙與查理姊姊葡萄牙王寡婦伊蕾歐娜爾成婚。方沙絲毫不想履行承諾，揚言：「階下囚被強求的承諾是不算數的」。方沙的背信讓查理失望，貴為一國之君的輕言讓查理震驚。他緬懷騎士精神的忠貞信條。

一五二七年占據義大利的皇軍，因許久沒發餉，於五月初前進羅馬，搶劫、掠奪、強姦、燒燬、偷竊聖彼得宮，拷打神職人員、修女。教皇及主教們則到聖天使（Saint-Ange）古堡避

難，被監禁七個月，直到付清贖款才被釋放。這是西方史上著名的「洗劫羅馬」事件。

方沙一世的母親沙瓦的露易絲（Louise de Savoie）代表他，查理由姑媽瑪格麗特代表，於一五二九年簽訂「女士和平條約」（La Paix des Dames）。方沙放棄米蘭、熱內亞的爭奪權，承認查理擁有法國北部亞陀（Artois）省及佛朗德地區的主權，還付清查理欠英國的債務。他同意娶伊蕾歐娜爾為后，查理則放棄布格尼。

一五四七年一月，亨利八世過世；兩個月後，方沙亦隨之。當查理獲悉後者的死訊，發愣一下，宣稱：「他是一位偉大的君主」。

歐洲最強權的君主？

擁有當今西班牙、荷蘭、比利時、德國、奧地利、部分法國、義大利領土，即歐洲一大片疆土。在二十一世紀歐盟時代，皇帝查理五世可說是首位歐洲人。他堅信天主教，及永遠憧憬以西方基督教之統一，來對抗鄂圖曼帝國之災難，這是他一生奉守的信條。查理五世於一五二六年來到格納達，計劃把此城擴展、歐洲化，成為帝國城。他創立格納達大學。在阿爾罕布拉山丘上建造文藝復興格式皇宮，毗鄰阿拉伯皇宮，被稱為「新皇宮」07，象徵皇帝掌權被異族征服過的領土。

鑑於屬下諸國幅員廣大，每一國皆須操心、希冀擁有其行政管理權，查理只能請人代理統治，而他盡量定期在不同子民

06 查理五世雕像

08 斐迪南一世畫像

前露面。低地國由姑媽攝政，一五三〇年她辭世後，由妹妹
匈牙利王后瑪莉（Marie de Hongrie，1505－1558）攝政。她於
二十一歲就成了寡婦，夫君於一五二六年八月底，與土耳其人
交戰中陣亡。維也納則交給弟弟斐迪南 08（未來斐迪南一世，

07 阿爾罕布拉查理五世皇宮

一五二六年成為匈牙利及波希米亞國王）。菲利普王子婚後，
一五四三年，查理需離開西班牙，把國事交給兒子。他與家人
通信頻繁，因欲知曉主要國事，若有歧見，則採取他的決定。

　　一五一六年一月底，查理外公斐迪南病逝，他繼承了亞拉
岡王國，也與母親華娜女王共同繼承卡斯地爾王國。他與姊姊
於一五一七年九月十九日抵達西班牙。十一月七日，在杜德吉

亞斯宮廷城堡與被監禁的母親相會面，母子已逾十二年未見面。

　　一五一八年二月初，查理在華拉杜利德召開的國會，宣誓遵守人民的風俗與權利。原則上，他是與母親共同治國，實際上華娜沒實權。五月中旬，在亞拉岡王國首都札哈哥札（Zaragoza）一樣宣誓。接著去巴塞隆納，獲悉祖父馬克西米里安於一五一九年元月中旬駕崩。

幅員廣大分散、講多種語言的帝國

　　查理龐大的帝國土地不相連，有各自的語言、法律、行政機構，它們之間的關聯就是查理君主。一五一九年當選神聖羅馬帝國皇帝之後，擁有權威與威望。與統一王國法國君權集方沙一世之手相較，查理從未設想中央集權。根據一五三九年的「維勒－哥德瑞法令」（Villers-Cotterets），法文成為法國唯一的官方、行政用語。查理統轄下的帝國，參雜著法文、佛朗曼文、卡斯地爾文（即西班牙文）、加泰隆納文、義大利文、德文、斯洛瓦克文、捷克文、匈牙利文……等。

　　低地國的統治較不容易，因南部省區講法文，北部則是荷蘭文。當今比利時就是因為北部講佛朗曼文（荷蘭文的方言），南部講法文，國家瀕臨分裂狀況。當時的低地國代表歐洲最富庶、人口密度最高的地區之一。安特衛普港因海洋貿易而經濟起飛，在半世紀中雄踞歐洲銀行首席之地。低地國的農業收益及紡織業在歐洲大陸屬一屬二。

　　從祖父與外公傳承的義大利政治，那不勒斯王國包括西西

里島，後者是著名的穀倉。那不勒斯港是義大利人口最多的城市，但人民窮困，由堅固城堡控制統御。西班牙統治將再持續兩世紀之久。

他強勢的另一個堡壘是西班牙，卡斯地爾逐漸崛起，如日中天。雖然以畜牧業及農作業為基礎的經濟還不太穩定，卡斯地爾居民慣於服從，及心甘情願地付稅。尤其提供優良士兵，為了榮耀君主，他們到美洲探險、遠征，到低地國、德國作戰。查理可穩靠卡斯地爾王國，雖然當初他們不甚情願地接受他。

宗教統一理想及土耳其外患

蒙主恩典，查理自認為被賦予統一宗教的神聖使命，其強權只有查理曼大帝可與之媲美。他欲保留祖先傳下的領土，收復其眼中的合法權益，才會與法王起衝突。一五二一年，他譴責馬丁路德，援引其信奉基督教的祖先，他們捍衛信仰，神聖的天主教儀式，因自然的繼承法而傳承下來。一五三六年，他向教皇闡釋：「我不意圖向基督徒作戰，而是對非基督徒，期望義大利與基督教能平安無事。」

宗教統一的野心政治是失敗了，不合時代潮流而難以實現。受到法國與其義大利友邦連續的爭端；德國路德的宗教改革；神聖羅馬帝國的王公時常尋求外來、皇帝敵人那邊的支持。

至於對抗非基督徒的政治是否目標達成？雖然在地中海西岸，抑阻土耳其人及北非盟友柏柏爾人（Barbaresques）的前進。但中歐匈牙利中部由土耳其人控制將持續一個世紀半之久。匈

牙利東部及羅馬尼亞，則隨蘇丹的意願而變動版圖。匈牙利西部及克羅西亞由奧匈國王斐迪南控制，但與蘇丹簽署停戰條約，處於隨時被取消的威脅。

　　與法國永久的拉鋸戰削弱了查理的財政，面對一五二六年在匈牙利稱雄的土耳其人，哈布斯堡王朝處於弱勢。更離譜的是基督教王國的法國，不惜與鄂圖曼帝國結盟，以擊敗哈布斯堡王朝。更不幸的是，此時正值蘇利曼蘇丹（Soliman le Magnifique）所領導帝國登峰造極之期。

　　十五世紀時土耳其人已征服，且在南斯拉夫的塞爾比（Serbie）定居。十六世紀初期他們定期向西進攻。一五二一年貝爾格勒失陷，一五二九年布達。當年九月二十二日炮轟奧京，與一五三二年維也納告急，兩次被圍攻，威震全歐，幸虧不成。第二次時斐迪南只好妥協，屈辱為蘇丹在匈牙利領土的臣屬。

公社揭竿起義
對抗外來政權

　　一五一六年元月，天主教君主斐迪南駕崩，外孫查理在低地國宣稱為卡斯地爾及亞拉岡國王。法律上及名義上，華娜是西班牙女王，其子查理應該只是攝政王，布格尼朝廷在布魯塞爾王宮的正式宣布，令西班牙不滿，西班牙對未來且外來的君主已蘊含不良印象。

　　每當改朝換代或權力真空時，政局未明，社會就會騷動，民間思叛亂。天主教君主實施的君權至上政治，大幅削減王公貴族的特權、土地、財產與政治勢力，現在他們意圖乘機抬頭 **01**。

　　此時西司內荷斯（Cisneros）主掌西班牙國事，催促查理快來西班牙現身，面對人民以恢復社會秩序。查理於一五一七年十月到達西班牙。年輕、少不更事、高傲、不會講西班牙文（卡斯地爾文）、無政治經驗，任命佛朗德人位居朝廷要津，他的親信雖然有些原籍卡斯地爾，但已去國離鄉多年在低地國居住。他們的舉止行為像是來到一個被征服的國度。新王足履國土未滿六個月，上述種種因素使西班牙人對他幻想破滅。

01 叛軍首領成俘虜圖畫

不滿帝國政治課新稅

　　一五一九年六月下旬，查理當選神聖羅馬帝國皇帝，增添哈布斯堡王朝的威望，但西班牙人不引以為榮，他們不歡迎此消息。因為意味須多課稅，以執行與西班牙無關的帝國政治。

　　托雷多市政府帶頭發起抗議活動，抗議當選皇帝後的新花費，卡斯地爾將成為未來帝國政治的財庫。市政府要求召開國是會議，期望獲得新王的保證。朝廷同意召開，其主要目的在徵收新稅，與反對聲浪的原意不符。

　　沙拉曼卡的修士於一五二○年二月起草一文件，它成為未

來公社（Comunero）運動的宣言、憲章，內容包括三項：（一）拒絕新的課稅；（二）反對查理五世犧牲王國的財富，去執行他的帝國政策；（三）若國王不在意人民的意見，公社有權防衛西班牙的利益。它很快在卡斯地爾的城市傳開來，但朝廷不把民間沸騰當真。

一五二〇年五月二十日，查理離開西班牙之前，在西北部港口科宏尼（la Corogne）召開的國是會議，大多數的代表最後同意新稅。查理把治國責任交給他先前的老師烏特茲特的亞崔安主教（Adrien d'Utrecht，1459－1523，他於一五二二年成為教皇）。

查理離境之後，西班牙社會局勢動盪，越演越烈，革命的火種一觸即燃。國王出國、臨時通過的增稅法令，感覺像是一種霸凌。塞哥維亞、札摩哈（Zamora）、布格斯、關達拉哈哈（Guadalajara）、雷歐……等城市相繼暴動，指責投贊成新稅的代表、市政府代表、高官、稅務員……等，王室權威無法面對應付。

自從四月中旬起，托雷多就公然反對新王，採取強硬態度。驅逐市政官員，另外成立一個新的市政府。托雷多提議參與國是會議的城市互相諮詢，採納下列項目：取消新稅、恢復舊稅制、保留高官職位、任務、利益給卡斯地爾人、禁止輸出錢財、任命一位卡斯地爾人以取代亞崔安。其他城市猶豫參與此革命性的行動。

八月初，終於在亞維拉（Avila）召開會議，但只有托雷多、塞哥維亞、沙拉曼卡、圖合四個城市的代表參加，璜・得巴迪

02 **布格斯博物館：**
　　　璜・得巴迪亞的
石雕墓

亞（Juan de Padilla，1490－1521）02被選為叛軍統帥。意外事件
讓情況惡化，當政府軍要去梅迪那・得甘波奪取炮、炮彈，與
民眾起衝突引起火災，燒燬大多數房屋。反抗分子把責任歸咎
於政府，梅迪那・得甘波的祝融，在卡斯地爾引起憤恨，激發
其他城市的動盪。

以華娜女王之名讓革命合法化

　　叛軍在杜德吉亞斯（Tordesillas）集合，有名無實的華娜女王，從一五○九年被監禁於此城王宮。她是合法的王位繼承人，雖然有嚴重的精神疾病，卡斯地爾臣民永遠無法接受她被奪權，及原諒查理不尊重母親。叛軍首領去拜訪她，她聆聽幫她復辟的請求，但沉痾已久，缺乏果斷的意志力，拒絕簽署同意書。

　　九月下旬，十三個城市代表在此城集合，卡斯地爾王國大部分城市，似乎站在叛軍這邊。查理五世在亞崔安的建議下，採取適當的決定：放棄新稅法令，且選定卡斯地爾的兩位貴族充當副王。這些措施逐漸扭轉局勢，貴族們贊同他們兩位高階層人士參與國政。政府國務院設立在華拉杜利德，較接近杜德吉亞斯，較易監視叛軍以華娜女王之名讓革命合法化。

　　葡萄牙並沒有趁著卡斯地爾內亂，而蠢蠢欲動。他反而對兩位副王提供經濟協助，維持軍力。貴族階層則意識到與王室結盟，較能保留特權、利益。一五二○年十二月五日，政府軍成功攻陷杜德吉亞斯，此象徵性的勝利，具有重大的心理作用，它鼓舞振奮戰勝者的士心。

　　一五二一年四月二十三日，政府軍與叛軍在維拉拉爾（Villalar）展開最後一戰，後者被擊敗，戰場佈滿數千名屍體，首領被俘虜。隔日，璜·得巴迪亞、塞哥維亞的璜·布哈佛（Juan Bravo，1483－1521）**03** 及沙拉曼卡的方西斯哥·麥都那度（Francisco Maldonado，1480－1521），三位革命軍首領被宣判死刑後 **04**，在此鎮的廣場被斬首 **05**。

Sentencia de muerte de los Capitanes Comuneros. Villalar 24 de abril de 1521

03 塞哥維亞璜・布哈佛雕像

04 「叛軍死刑」宣判書

05 維拉拉爾判軍被處決的廣場

卡斯地爾的鮮血

　　我們於二〇一〇年六月八日來到此鎮，先去旅遊中心詢問。唯一的負責人蘿拉（Lola）獲悉我在寫一本西班牙歷史的書後，很熱心地送我許多資料、附有精美圖片的月曆，親自開啟廣場旁教堂，向我們解說一五二一年四月二十四日，在此為死者舉行彌撒禱告。接著帶我們去參觀一間大禮堂兼博物館，詳述卡斯地爾各地區的節慶照片、宗教遊行圖片，這方面的傳統，法國已日漸式微，無法與西班牙相較。最讓我們激動難忘的是，

目睹「宣判叛軍死刑」的珍貴歷史資料。蘿拉嚮導我們去看一位朋友的酒窖，說明去戰場紀念碑的路途。

赴戰場途中，整片罌粟花（coquelicot）06花海映入眼簾，飽滿眼福。它們在六月的卡斯地爾田野、路旁，招展美的饗宴，蘿拉說它們是卡斯地爾的鮮血。我在公社紀念碑 07 前瞭望田野，想像五百年前在此發生的激烈戰役，革命軍因為失敗，成了叛軍，若他們成功推翻外來政權，則成為國家英雄，留名青史。歷史的定義是由勝利者書寫的。

06 卡斯地爾鮮血罌粟花花海

07 戰場紀念碑

遜位
退隱山林

　　　　　榮華富貴皆虛空
　　　　　君權霸業不眷戀
　　　　　山腰林間修道院
　　　　　晨祈晚禱心自在
　　　　　上帝代表棄塵世

　　一五五五年十月二十五日下午，布魯塞爾皇宮大廳，查
理五世主持生平最後一屆的全國三級會議（Etats généraux）。
年逾五十五歲，受痛風折磨多年，糖尿病纏身，不良於行，
未老先衰。他追憶一生：十五歲時宣誓為成年人，十七歲去
西班牙接掌政權，十九歲當選神聖羅馬帝國皇帝。執政期間
翻山越嶺、海上航行，在德國、西班牙、義大利、法國及
英國之間，遊離走動，永無休止。當今身心倦怠，心思退
隱。母親瘋女王華娜被監禁半世紀之久後，一五五五年四月
十一日因病離世，查理異常難過，參雜以她名義統治西班牙
之愧疚。他對親信透露，母親過世時，聽到她呼喊他。前
者之死亡無疑催化他決定放棄權力、江山，退隱山林的重要
因素。

告別榮耀、權勢的程序須逐步進行 ❶；三天前，他把金羊毛勳章（La toison d'or）的最高統治權交給菲利普王儲 ❷。面對低地國十七個省區代表、佩帶金羊毛勳章的騎士們、姊姊 ❸ 及妹妹昔匈牙利王后瑪莉 ❹，「我知道我曾犯大錯，是由於年輕之故，亦是因為無知與疏忽。但我從未對您們施暴、傷害。假如我這樣做，並非意圖，而是無知。我後悔，祈求您們的諒解」，眾多臉孔淌淚，皇帝亦落淚。安特衛普代表請查理再三思考退意，但大家知曉皇帝去意堅定，於是遵照其意志，全力效忠王儲。

查理以西班牙文對跪在面前的兒子說道，把他擁有的低地國及合法權益移交給他，叮囑奉行天主教與執行正義。

瑪莉王后也發言，一五三一年一月，她被兄長委任治理低地國重任，當年二十五歲。經常思及卸下職責，現她也要退隱，「從未有人像我一樣期望您們的福祉。盡我的責任，我熱愛您們每位。」

莊嚴隆重的遜位典禮，為查理的政治生涯劃上終止符。當代最有權力的政治人物認為，體力衰退與執行任務相悖逆。多麼偉大崇高、高尚的心靈，有些領導人物卻緊抓權勢不放至死亡。

一五五六年一月十六日。查理轉讓西班牙王國，以三種不同文書記載。第一項包括卡斯地爾‧雷歐（León）、格納達、納瓦荷（Navarre）等王國，及印度已發現之島嶼與領土和未來將發現，交接儀式以西班牙文進行。第二項包括亞拉岡、瓦倫西亞（Valencia）、薩丁尼亞、馬荷克（Majorque）等王國，加泰隆納、巴塞隆納伯爵領地、胡錫雍（Roussillon，現是法國領土）、

 遜位

02 菲利普王儲

03 查理姊姊伊蕾娜爾

04 妹妹匈牙利的瑪莉

塞旦尼（Cerdagne，位於庇里牛斯山東部，跨越法國與西班牙），文件以拉丁語書寫。第三項亦是以拉丁語，包括西西里王國。

　　查理以書信向主教、大學校長、市政長官、地方代表，親自解釋退位理由。指責法王與土耳其結盟，讓基督教蒙受嚴重損害。此種狀況導至他精疲力竭，從此無法治理國事，「我變成正確領導國事的障礙」。

　　至於法國法蘭錫－康地（Franche-Comté）屬地，一五五六年六月中旬，杜勒（Dole）議會議長在三級會議中闡明皇帝遜位理由，法蘭錫－康地（Franche-Comté）像其他領地一樣，將毫無保留地效忠新君。一組代表團赴布魯塞爾向菲利普呈獻最高敬意。

神聖羅馬帝國

　　查理與弟弟奧地利公爵斐迪南關係不是很好，關於神聖羅

馬帝國皇位的繼承問題，查理構思哈布斯堡王朝奧地利與西班牙兩支派系在繼承上能協調。是否須優先考慮長子派系，即他的兒子菲利普，或者弟弟派系斐迪南，同時亦要兼顧家族成員的密切合作，不是件易事。

根據一五五一年起草的計劃，預定一旦查理過世的話，一五三一年就成為羅馬人的國王的斐迪南，將成為皇帝，旋即選菲利普為羅馬王，以此類推，讓查理與斐迪南的子嗣輪流當選。一五五一年二月初，斐迪南表面上贊同此藍圖，事實上期望到時，德國親王、公侯將直接選擇其子馬克斯米里安來繼承他，而把菲利普排除。

一五五六年九月中旬，查理寫信給斐迪南，告知要轉移皇帝頭銜。一五五七年二月，一代表到德國給諸公侯呈送正式的遜位文書。經過一年的思慮之後，一五五八年二月，選舉團在法蘭克福集會，認同查理的決定，五月初，一致通過指定斐迪南為繼承人。

處理完移交事宜後，一五五六年九月中旬，查理伴隨姊姊與妹妹兩位寡婦王后，離開故鄉低地國，搭船赴西班牙退隱。

神聖羅馬帝國全名是「德意志民族神聖羅馬帝國」。羅馬帝國時代，當今德國納入版圖，部落居民被稱為日耳曼人。公元八百年，查理曼大帝在羅馬被教皇加冕，統治權橫跨歐洲大部分領土，被稱為查理曼帝國，是建立在羅馬帝國的基礎上。八四三年，查理曼的三位孫子把帝國三分，長孫洛塔爾（Lothaire）繼承皇帝尊號，擁有中法蘭克王國，另外兩位弟弟，分別擁有東法蘭克王國和西法蘭克王國。

九六二年，東法蘭克國王撒克遜公爵鄂圖一世（Otto），在羅馬由教皇加冕稱帝。他及繼承者自認為君權神授，是教會的保護者。一二五四年起才開始正式使用「神聖羅馬帝國」名稱，但須等到查理四世（1316－1378）統治時期，德語文件中才使用此名詞。

為了劃定地緣政治版圖，奧王方沙二世在拿破崙的威脅下，於一八〇六年八月初，放棄皇位及解散神聖羅馬帝國，在歷史上畫下句點。對於帝國消失，人們反應是無所謂與驚訝。德國大文豪歌德的母親，於八月十九日寫道：「我的心態就像面對一位生病的老朋友，醫生宣布他無藥可救，我們知道他不久將離世，但當我們被告知他過世的消息時，的確會感到震驚。」，至於冷漠態度，則顯示苟延殘喘的神聖帝國已經僵化，其機制無法運作。

法國哲學、文學大師伏爾泰就曾說過，神聖羅馬帝國既不神聖、也不羅馬、亦非帝國。

登上帝國皇位時，查理訂下兩項目標：驅逐土耳其人及維持基督教世界的宗教統一。十字軍東征的聖戰及基督教國家的概念，可說是傳承自中古世紀，在十六世紀不太合時宜。查理關於歐洲的前瞻觀念：一個猶太基督傳統融合希臘羅馬古文明，面臨代表伊斯蘭教文明的鄂圖曼帝國之侵略政策，雙方無法建立和平相處的友好關係。神聖羅馬帝國的尊嚴賦予他消除災難的職責，但是趨向現代國家雛型的歐洲國家，例如法國、英國、威尼斯共和國、西班牙……等，只是顧及本身的國家利益。無法實現他設定的理想，處於那時代最具世界觀的查理君主，感

05 幽思地修道院

到失望、洩氣。

幽思地修道院巡禮 **05**

　　西班牙伊斯特麻都爾省（Estrémadure）幽思地（Yuste）修道院，隱藏在山腰間，周遭環境清靜，風景優美。十五世紀初期，

奉行聖哲姆（Saint Jerome）的修士在此建造一座修道院，十五、十六世紀擴建隱修院迴廊（cloître）06。查理選擇在此地退隱，於是依教堂增建一小宮殿，於一五五七年二月初住進。

我們於二〇〇六年及二〇一一年夏季，去造訪這座簡樸、但歷史意味濃厚、象徵深遠的住宅。為何去兩次呢？因事隔五年，大量閱讀西班牙歷史書及人物傳記，心態進展不少，寫到〈遜位，退隱山林〉這章時，想再度去感受幽思地情境。第二次去時，隱修院哥德式迴廊及文藝復興式迴廊皆開放參觀，真是喜出望外。

我們自由參觀，因可多體會、看細節。查理在守衛室首次接見私生子哲羅尼模（Geronimo），後者成為擊敗土耳其人的歷史英雄奧地利的唐璜（Don Juan d'Autriche）。會客廳懸掛由義大利名畫家迪錫安（Titien）繪畫的伊莎貝拉皇后肖像，美麗、高貴、溫柔，查理當可日日面對愛妻，緬懷過早逝去、難以忘懷的幸福，不久將與她相會。很特別的是畫像左側置有簾帳，據說有訪客時，查理則指示放下簾幕蓋住畫像，其內心世界不容別人窺測。

為他特製的行動床保留至今，從西班牙海岸登陸至幽思地修道院的遙遠路程，一路顛簸不斷，坐臥姿置放靠墊與毯子，試圖減輕孱弱身軀不適之煎熬。二十八歲時，痛風首度發作，閱讀椅子亦稱為痛風椅，也是為了舒緩痛風之苦而製造。查理面對陽台展卷閱讀之際，深思、回憶，疲倦了，凝視窗外花園、池塘。

寢室空間不大07，打開一扇門就直通教堂08，查理可在

床上聆聽彌撒儀式。床周圍掛著黑色帳簾，暮氣沉沉的顏色表示哀慟母親的離世。牆壁懸掛一幅〈憂傷母親〉（*Mater Dolorosa*）的畫。擁有大片江山的皇帝，餘生歲月選擇莊嚴、祈禱的生活。

退而不休 為菲利普二世與法國交戰募款

雖然身處窮鄉僻壤，查理還是間接參與國事，建議、協助兒子。一五五七年，法國將領科林尼（Coligny）越過低地國與法國邊界。菲利普已招兵買馬，但無法發出五萬份軍餉，派親

07 查理五世的房間

信緊急向父王求救。錢財來源再度是西班牙，但此時國庫枯竭，
且厭倦還要再為君主的帝國政治奉獻。

一五○三年，在塞維亞成立的商業機構（la Casa de
Contratacion）專司新大陸事務。理論上，王室徵收五分之一從
西印度運來的財富，其餘五分之四分配給擁有者之前，須在商
業機構登記。但是當王室財務困難時，習慣性強迫徵用私人部
分或全部金銀財寶，後者則收到國家的借據，他們須等待很久
才能討回債務。

王權此舉造成諸多個人與家庭悲劇。王室濫用其權，作弊

制度應運而生，與「機構」貪污官員、職員共謀，許多金銀逃避登記。逃稅、貪污、作弊已司空見慣，鑑於此風，菲利普二世於一五五七年三月初下令，船隻運來所有金銀未登記之前，須交給他的總監。但王室法令還是無法奏效。

獲悉得不到預定財稅的十分之一，菲利普惶恐不安與絕望，作弊者與同謀就像王國與國王的敵人，攸關國家安危。查理則暴怒，緊急向銀行家、實業家、商人、貴族、教士募款，他們不太抗議而自動捐款。塞維亞主教兼宗教審判總長拒絕捐獻，查理親自去函兩次，夾帶威脅口吻，經過討價還價，主教才不情願地捐獻。他的不太熱衷與後來的失寵有關。

查理的親自出馬，募集戰爭經費送至前線。皇帝的崇高尊嚴餘威尚存，為了擔保告捷與拯救王朝，老邁病痛的軀體阻擋不了退休皇帝的熱勁與決心。

一五五七年八月下旬，皇家聯軍攻陷巴黎北部的聖甘丁（Saint Quentin），菲利普沒下令乘勝追擊進入巴黎，缺乏膽識或是明智之舉，「謹慎國王」之名因此而來。他沒趁機殲滅法國軍力，若他有父皇與曾祖父斐迪南的果敢與遠見，將可稱霸歐洲。查理在幽思地擔憂聖甘丁的戰勝只是暫時性，法軍將重整兵力，收復失土。知敵甚深、經驗豐富，查理的憂慮預言果然實現。

英法百年戰爭（1337－1453）初期，英王愛德華三世占領法國北部港口加雷（Calais），對英國具有商業與戰略之重要性。此港可保護英國與低地國的羊毛貿易，及作為進攻法國的理想基地。兩世紀之後，一五五八年一月初，法王亨利二世收復加

08 教堂

雷。此事件影響英國至大，西班牙王室亦失去低地國疆界的保護線。二月初消息傳至幽思地，查理悲痛萬分，立即去函給西班牙攝政王女兒華娜，催促她採取緊急措施，募款給在布魯塞爾居留的菲利普。

一五五八年夏季鄂圖曼帝國老蘇利曼（Soliman）統治期間，一百三十艘土耳其船艦，在義大利蘇倫多海岸、科西嘉島、艾

伯島（Elbe，拿破崙首次被放逐之處），猖獗、掠奪居民充當奴隸。地中海戰火再燃燒的噩訊，讓查理憂心如焚，寢食不安。

一五五八年七月中旬，皇家聯軍在法國北部小城格福林（Gravelines）擊敗法國軍隊。雙方皆感到精疲力盡，終於於次年四月簽訂卡多－坎培錫（Cateau-Cambrésis）和平條約，終止西班牙王與法王雙方從父王承繼的敵對局勢。可惜查理已於一五五八年九月撒手人寰。

杜絕新教蔓延

當查理於一五五八年四月底，被告知西班牙境內發現路德教的爐灶，勃然大怒，給女兒攝政王送去追加遺囑，表達憤怒、痛楚及焦慮。為了服務上帝及國家安全，必須趁早拔除惡芽；快速及沉重打擊，堅決勸阻任何慈悲，嚴厲懲罰異教徒。查理像當時的君主，深信在一國度，每位子民須信奉同一宗教。他在低地國頒布反對新教徒的一道敕令：禁止印刷、銷售及擁有路德及卡爾文的著作；禁止集合討論這些作品，協助或收留任何被疑有異端思想者；違法者將受到酷刑：男人斬首，女人活埋，故態復萌者受火刑。在西西里島、薩丁尼亞設立宗教審判法庭，差點就在那不勒斯及米蘭王國引入此機制。

遵照父王指示，華娜攝政時，放任宗教審判長自行其道，後者急著籌劃逮捕、火刑，造成不可逆轉的情勢。菲利普從低地國回到西班牙後，遵照父皇遺囑勸告，支持宗教審判。綜觀十六世紀整個歐洲，宗教不是私事，當時的朝廷心態認為：宗

教分歧會造成公共秩序混亂。並非改朝換代，而是盛行的環境、氣候，對宗教問題更敏感，執行政策變本加厲。

里斯本大地震與歐洲啟蒙思想催化政教分離

一七五五年十一月一日萬聖節，里斯本發生大地震，地震之後引起海嘯、火災，死亡人數逾六萬名。葡萄牙南部地區亦遭到嚴重破壞、損害，整個歐洲皆感受到震波，甚至遠至芬蘭。葡萄牙是一個虔誠的天主教國家，此次大地震不僅發生在宗教節日，諸多教堂頓時成為廢墟。此災難對十八世紀歐洲啟蒙時期的思想家影響至鉅，他們在作品影射此事件，面對成千上萬的犧牲者及僥倖存活的殘障者，伏爾泰質疑上帝的存在與正義。

德國哲學家康德對里斯本的大災難甚感興趣，大量蒐集資料，陸續發表地震緣由理論文章，試圖以自然因素詮釋地震，而非一般人認為的超自然因素。

受到啟蒙運動的影響，歐洲從十九世紀起政教分離。當今二十一世紀，世界某些地區，宗教人士掌權治國，宗教深入社會，介入人民的生活。幾世紀前的政教合一，西歐逐漸進化到政教分離。

家庭事件參雜外交、政治因素

查理姊姊伊蕾娜爾，於一四九八年十一月十五日在布魯塞爾出生。一五一八年，嫁給老邁年近五十大關的葡萄牙國王曼

紐艾一世，婚後兩年半生下一女瑪莉，但六個月後，曼紐艾魂歸西天。

一五二六年，查理把姊姊許配給法王方沙一世，她是查理的政治籌碼，個性溫柔，完全服從弟弟的安排。一五四七年法王辭世，次年伊蕾娜爾回去低地國。一五五六年與妹妹瑪莉伴隨查理到西班牙退隱。

伊蕾娜爾當時離開葡萄牙宮廷時，不得不留下幼女。事隔三十三年，思女心切，熱烈期待與瑪莉相會，且盼望她能來葡萄牙定居。此相聚並非單純的家庭事件，它涉及與葡萄牙的外交。

西班牙與葡萄牙宮廷通婚頻繁，查理最小的妹妹凱撒琳與瘋母華娜被囚禁，直到與葡萄牙國王冉三世結婚，才結束城堡的陰暗日子。查理的女兒華娜嫁給冉三世的兒子冉曼紐艾，但婚後一年則成為寡婦。不久，遺腹子誕生（Sébastien，未來的塞巴斯提安一世），他三歲時繼承祖父冉三世。母親華娜想攝政卻不得志，查理在女兒與妹妹之間，選擇後者當攝政女王。華娜步上姑媽伊蕾娜爾後塵，不得不把幼兒留在葡萄牙，黯然回歸西班牙。

襁褓中的王儲，是否能順利成長至十四歲當時的法定成年，查理十分明瞭生命脆弱、嬰兒死亡率超高。他預先規劃未來葡萄牙王國與卡斯地爾王國合併，菲利普的第一任妻子葡萄牙公主產後往生，有一度設想與伊蕾娜爾的女兒瑪莉公主再婚，後來此事未成。菲利普渡海到英國與姑媽成婚。瑪莉公主的尊嚴是否受損，而深感痛苦辛酸？

在低地國時，伊蕾娜爾已開始籌劃、交涉與女兒重聚。但冉三世以路途遙遠、旅程艱難，拒絕瑪莉公主離國；事實上，可能基於金錢考慮，不願拿出同父異母妹妹瑪莉公主的嫁妝錢財。伊蕾娜爾回到西班牙時，僅獲得只能在西葡邊境與女兒相會。

伊蕾娜爾懇求查理親自交涉、干預此燙手山芋。後者派遣一位特使及一位大使到葡萄牙陳情，信函充滿皇帝對遲來否定回答之不悅與驚訝。同時，葡萄牙大使到華拉杜利德朝廷辯護其國王的立場，甚至要到幽思地覲見查理五世。前者受令盡量拖延時間，且援引瑪莉公主可能快要結婚。但卡斯地爾宮廷及查理皆心知肚明此藉口。

一五五七年六月中旬，冉三世驟然過世，使問題更複雜。查理費時費力去信給瑪莉公主、葡萄牙攝政女王（亦是他妹妹）及共同攝政的主教，事情總算有轉機。伊蕾娜爾與妹妹匈牙利的瑪莉兩位寡婦王后，一五五七年九月底，南下到幽思地鄰近的雅漢迪拉（Jarandilla）城堡，居留十星期與查理相聚，珍惜暮年的天倫之樂。

一五五七年十二月中旬，姊妹倆啟程前往西班牙邊界城市巴達荷茲（Badajoz），與瑪莉公主相見。後者於次年元月下旬抵達。母女相逢只是短暫的狂喜、愉悅，蓋對祖國、故鄉之愛勝過親情，雖有信件往來，母親像是陌生人，她不想離開成長的宮廷到異地去重新生活，縱使有生母陪伴。

幸福夢想幻滅，心碎的伊蕾娜爾與妹妹陷入極大的哀傷，回歸途中在伊斯特麻迪合一村落病倒，發燒、氣喘發作，於二

月十三日與世長辭。查理於九月二十一日 ⑨，匈牙利的瑪莉於十月十八日相繼去世，姊弟、兄妹三人同一年先後走上黃泉路 ⑩。

　　瑪莉公主終身未婚，年輕時曾經數度成為十六世紀歐洲朝廷王儲的未婚妻。像她母親一樣，她們成了查理五世與冉三世的政治籌碼，他們是王牌君主，依政治聯姻之需，可自由操縱姊妹、女兒或外甥女。瑪莉當不成王后，亦無嘗過為人母之喜悅，但至少避免無愛情的王室婚姻，及死於難產或產褥熱而亡。享有母親的遺產，具有文化涵養，總有智性人物相伴。保護及贊助人文藝術，成立慈善機構，創辦修道院及建造教堂。在文藝復興時期的葡萄牙扮演舉足輕重的角色，享有「勇氣可嘉的童貞女」之美譽。

　　法國作家布蘭登領主（Pierre de Bourdeille, dit Seigneur de Brantôme）皮埃，十分讚賞瑪莉，其高超、優雅、溫柔、愉悅，令人以經常與她會話為榮。

10 艾斯科利亞王宮修道
院教堂：查理五世家
族鍍金雕像（10－1）

09 查理五世當初棺槨置放處

10－1：除了皇后伊莎貝拉外，還包括對查理忠貞不渝的姊姊和妹妹。

我在查理五世城堡過夜

　　為發展觀光事業，國王阿方斯十三世於一九二六年，決定把歷史建築改造成高級旅館。西班牙境內有九十一家Parador，及加納利群島一家。只一家五星，大多數是四星級，只有少數是三星。由阿拉伯堡壘、中古世紀古堡、宮殿、修道院改建，濃厚的歷史意味是其特色。雖有現代化的舒適設備，古建築的原味被保留，在餐廳可享受服務品質良好、配合現代口味的傳統美食。最近數十年，大自然風景區也有Parador。一般觀光客常去的大城馬德里、巴塞隆納、塞維亞，卻無Parador。英國小說家毛姆（Somerset Maugham）本來只想在Oropesa P午餐，因震攝於城堡之獨特，決定在新城堡過夜（舊城堡可供人參觀）。此Parador亦充當一九五七年好萊塢影片鬥牛場景。

　　最近三年幾度在Parador旅館停駐歇宿。築於山坡或高地，於Segovia P陽台，羅馬輸水渠、大教堂、阿拉伯皇宮Alcazar盡入眼簾。在Toledo、Salamanca、Cuenca，可遙望城市美景。由舊市政府改修的Ronda P，跨越峽谷的宏偉新橋（別於阿拉伯舊橋）呈現眼前；旅館的海明威沙龍，紀念美

 查理五世城堡

 城堡外觀

國名作家以西班牙內戰背景，譜成的世界名著《戰地鐘聲》。Jaén P在阿拉伯堡壘廢墟重建，除了俯視此城全景外，可步行去參觀尚存古堡。

最興奮、讓我印象深刻的是，在Jarandilla de la Vera查理五世城堡過夜 ①① ②② ③③ ④④，與歷史交會。

此城堡命運多舛，十九世紀初期西班牙獨立戰爭時，法國軍隊刻意破壞。多次修建之後，充當學校、孤兒院、私人宅邸。二十世紀初期，最後一位地主把它捐贈給此鎮。鎮長與政府決定把它整修為Parador旅館 ⑤⑤，一九六六年正式啟用。陸續有政治人物、社會名流，在此歷史意義深遠的城堡住宿過，法國總統戴高樂將軍、德國首相科爾（Helmut Kohl）、西班牙首相貢札雷斯（Felipe Gonzalez）、葡萄牙總統桑伯歐（Jorge Sampaio）……等。

二〇一一年六月二十四日黃昏時抵達，到櫃台check in時，像大多數的遊客一般，我說想住進查理五世的房間，被微笑告知其寢室已被裝修成早餐餐廳。這天是週末，旅館已客滿，幸虧兩天前就預定。我們到城堡花園，前後院散步、拍攝。旅館

03 大廳堂

 04 陽臺

游泳池有人在游泳、在池畔曬太陽、閱讀。

八點半，在餐廳外台地享受套餐 06，室內、室外台地及院子露天座幾乎座無虛席，不過外面有三桌的客人只是喝飲料。城堡院子（稱為 patio）植有棕櫚，正門外邊幾棵樹上鸛鳥（cigogne）築巢，不時飛來飛去、發出聒聒聲。佳餚、美酒當前，心情完全放鬆下來，異國情調、歷史風味之旅，是如此愉悅、令人回憶無窮。雖然餐客多，服務速度還蠻快的。

一小時之後晚餐畢，我們去參觀二樓的小廳、大廳堂及大陽台。有些小廳可充當小會議室，其中一小廳懸掛查理五世、愛妻葡萄牙公主伊莎貝拉及小女華娜的畫像，面對歷史人物，我思索他們的命運、家族史。倦怠塵世，計劃於幽思地（Yuste）退隱，修道院宮殿未完工前，神聖羅馬帝國皇帝查理五世在此城堡居留三個月。它建於十四世紀末、十五世紀初期，堡主是Oropesa公爵。查理五世於一五五八年病歿幽思地，享年五十八歲半。雖事隔四世紀半之久，我還是可感受到當時的城堡氣氛。

隔天豔陽高照，帶著城堡英文簡介，懷著思古幽情，我依依不捨地離去，朝向幽思地修道院前進。

06 城堡夜景

05 城堡成了四星級旅館

CHAPTER

V

西班牙國王

英王亨利八世的六位妻子
菲利普二世的四次婚姻

英王亨利八世擁有六位
妻子，為西洋史上罕見的例子。
國王包養情婦則不足為奇，例
如法王方沙一世及路易十四世。

01 亨利八世

亨利八世的第一任妻子是
西班牙天主教君主的么女凱薩
琳（Catherine d'Aragon，1485－1536）02。她未滿十六歲就
許配給十四歲的英國王儲亞瑟，但未滿六個月，後者病歿。
凱薩琳於一五〇九年嫁給亞瑟弟弟亨利（新娘比新郎大五
歲），亨利亦於此年繼承王位。王后的職責即傳宗接代，婚
後九年凱薩琳懷孕生育成績斐然，但是僅有一五一六年誕生
的瑪麗（未來的血腥瑪麗王后）存活下來。

亨利與凱薩琳的婚姻生活還算和諧，但十八年之後由於
未得一王儲，前者漸漸感到挫折、失望、苦楚與折磨。況
且王后已四十二歲，較難孕育王位繼承人，對國王而言是
樁大悲劇。三十六歲的國王正值壯年，垂涎王后女侍安娜·
波連（Anne Boleyn，1503－1536），但後者示意若無合法地

位，她不為動容。亨利也越來越懷疑其婚姻，他發現經典中一條文：「若娶兄妻將是不潔事，且會延禍而無子嗣」，是針對他的亂倫婚姻之懲罰。萌發他想休妻、解除非法婚約之心意。

02 亞拉岡凱薩琳

凱薩琳的外甥神聖羅馬帝國皇帝查理五世（亦是西班牙的查理一世，不過歷史上稱他為查理五世），在歐洲政治舞台佔有舉足輕重的地位，羅馬教皇不敢挑釁查理。亨利解除婚約之事長達六年之久，毫無結果，於是脫離教會，授權國會尊之為「教會最高領袖」，自創英國國教，這是英國新教之由來。

上斷頭台的安娜・波連

亨利八世鍾情的安娜 03，年輕時到過法國宮廷學得一些社交禮儀。其姊瑪麗 04 曾是亨利情婦。她在一五二七年左右逐漸取代瑪麗在亨利心目中的地位，但她還是讓亨利等六年，「我懇求陛下不再追我，這是我真誠的答覆。我寧願喪命以保全榮譽」，其動

03 安娜・波連

機可能是道德意識摻雜野心。她的婉拒越激發亨利的慾望，於一五三三年一月才與他成婚，讓他享受魚水之歡。

一五三三年九月七日，未來的伊莉莎白一世誕生，亨利失望但不洩氣。安娜連續三次流產，未能完成王后的神聖使命。

尤其是一次成形的男胎未能預期
生產，亨利對她漸生倦怠，啟動
她婚姻結束之路程。在一次狩獵
途中，亨利及其隨從成為珍‧塞
蒙（Jane Seymour，1509－1537）
父親宅邸的座上賓。亨利移情別
戀，請珍入宮，且賞賜封爵其兄。

　　「欲加其罪何患無名」，亨
利認為被安娜妖蠱迷惑，其婚姻
受上帝詛咒。她被控告通姦、亂
倫（與其兄）、異端邪教、謀殺國王、叛國……等莫虛有的罪名。
於一五三六年五月二日被關入倫敦塔，五月十九日被利刃斬首。

　　只因為無法給王上生個王儲，對臣民
操生死之權的殘忍、無良知的英王，為達
到再婚的目的，不惜犧牲數條人命。歷史
總算還安娜清白，她是無辜的受害者。

珍‧塞蒙 05 死於產褥熱

　　安娜被處死幾天之後，亨利與珍結
合。珍個性沉靜溫柔、謙虛，她成為王后
心情是憂喜參半，知曉剛愎任性的國王為了離婚，不惜與教皇
決裂。

　　一五三七年十月十二日，千呼萬盼的王儲愛德華終於降臨

人世，這是亨利登上王座第二十九年。但珍十二天之後因產褥熱而魂歸西天。她有幸被葬在溫莎古堡聖喬治教堂，亨利為自己保留墓穴旁。其婚姻才持續一年半。

沒圓房的第四次婚姻

珍過世兩年之後，亨利才再婚。異於最後兩次婚姻，第四次婚姻外交利益為優先考慮。第四任妻子是德國公爵的女兒，二十四歲的安娜・克利夫斯（Anne de Clèves，1515－1557）06。亨利首次見到安娜女公爵時，被其高大、瘦削、平庸的外貌感到失望，嫌其服飾粗糙，況且她只會講

06 安娜・克利夫斯

德文，而亨利的德文又不靈光，也不熱愛音樂。後者就試著取消婚約，但懼怕與克利夫斯的外交聯盟受到牽連。

一五四〇年一月初，他們結婚了，安娜改信英國國教。他們並沒圓房，亨利戲謔新娘為「佛朗德的母馬」（la jument de Flandres）。不到六個月，王后被迫離開王宮。亨利已暗地與新歡凱薩琳・赫佛德（Catherine Howard，1521－1542）打情罵俏、互通款曲。政治方面原因則是，克利夫斯公爵與查理五世，因荷蘭哲德蘭（Gelderland）問題而交惡。亨利極欲恢復因休凱薩琳王后，而中斷的英西良好關係。七月初，英王援引取消婚姻的理由是：沒行房，往昔安娜與洛林公爵的婚約無完全解除。對這樁荒謬的婚姻，安娜始終很合作，她同意亨利的說詞與條

件，接受「國王妹妹」的尊稱與土地、宅邸賠償。她退隱鄉間，在默默無聞中過世，得年四十一歲。

年輕貌美、少不更事的凱薩琳‧赫佛德 07

亨利八世統治期間的名臣諾福克公爵（duke of Norfolk），其
弟赫佛德是凱薩琳的父親。她是安娜‧波
連的親戚，雖是貴族出身，家境並不富裕，
且人口眾多，被寄養在諾福克女公爵的古堡
裡。把子女寄託在較富有貴族親戚的城堡、
宅邸，在當時歐洲是種習慣。女公爵沒投注
太多時間在眾多外甥女身上，凱薩琳沒受到
良好的教養，任其天性自由發展，無道德指
標。她是亨利六位王后中最沒教育的。

07 凱薩琳‧赫佛德

伯父為她找到安娜王后宮中女官一職。對新娶妻子興趣缺
缺的國王，很快就被年輕貌美的凱薩琳吸引。幾個月之後成為
寵幸，她當時十九歲。她的貴族親戚見有機可乘，積極鼓勵她
投向國王懷抱。年屆五十大關，亨利只有一位愛德華王儲（未
來的愛德華六世），極想多幾個兒子，以確保都鐸（Tudor）王
朝之王位繼承。

他們於一五四○年七月二十八日成婚，享有特權、恩寵的
年輕王后，對於拜倒她石榴裙下的國王有影響力。她的任性、
願望皆被接受，獲得滿足。但是好景不常，當時已是垂暮之年，
且肥胖（一百三十六公斤）的國王，魅力不再，引不起凱薩琳

的情趣，她較喜歡與她年齡相仿的男女陪伴、尋樂。

　　不忠貞的謠言傳到亨利耳裡。把往昔的崇拜者召到後宮是不智之舉。充滿陰謀詭計的宮廷，最好是潔身自愛，以免落入敵人的把柄。輕浮的凱薩琳何等天真、無知！一封舊情書成了被告的證據，她被逮捕下獄倫敦塔，兩位被認為與她私通者，受到酷刑而被迫承認，他們與王后皆被斬首。她被埋葬在斬首台地旁聖彼得梵邱拉教堂（St Peter and Vincula）內，與她遭受同樣命運的表姊安娜‧波連也被葬在那裡，此教堂不開放參觀。

　　由於此案件而頒布死刑，凡是將與國王成婚而非處女身，且隱瞞此狀況之女性，或是被認為有通姦罪的王儲妃或王后，皆受死刑懲罰。

看護的妻子凱薩琳‧巴爾

08 凱薩琳‧巴爾

　　一五四三年七月十二日第六次結婚時，亨利已經五十三歲，新娘是三十一歲、已當過兩次寡婦的凱薩琳‧巴爾（Catherine Parr，1512－1548）08。國王看上她時，她與湯姆斯‧塞蒙（Thomas Seymour，1508－1549，亨利第三任妻子珍的哥哥）在談戀愛。秉持職責大於兒女私情的原則，凱薩琳鼓起勇氣，承擔這項危險的角色，鑑於兩任王后上斷頭台的前例，王公貴族不太樂意把女兒呈獻給國王。

她是亨利歷任王后中最博學多聞，知書達禮，擅長拉丁文、希臘文、法文、神學辯論，可與朝廷的學者流利交談而不汗顏。與亨利的婚姻和樂美滿，其座右銘是「讓我從事的一切皆有用」（To be useful in all I do）。不僅悉心照料年老多病、半殘廢的國王，撫慰他日益暴躁的脾氣、不穩情緒。且讓被宣布為私生子的瑪麗與伊莉莎白兩位公主，與父王親近、和解，對於王儲愛德華亦照顧有加，關注他們三者的教育，可說是位善良、得體的妻子、繼母。

　　做為一名聰慧女子，喜愛神學，凱薩琳很自然地被德國盛行的馬丁路德新教吸引。每位凡夫俗子皆可研讀《聖經》，可說是革命性的思潮，每個人可自由思考，國王是英國教會最高代表，其權力是否因而遞減，受到威脅？宮廷保守派認為讀英文《聖經》會助長異教。凱薩琳似乎沒意識到嚴重氣氛，間接幫助宗教改革者。她在朝廷的敵人嫉妒其對國王的影響力，斷言她與危險的異教徒同盟。但其溫柔、「女人是要服從男人，丈夫須教導妻子」之婉轉，滿足國王的自尊、虛榮，而挽救了她一命。

　　亨利八世於一五四七年一月二十八日駕崩。凱薩琳不久與舊愛湯姆斯祕密成婚，三次婚姻皆不孕，三十五歲的她這次懷孕了。一五四八年八月下旬產下一女嬰，兩星期之後因產褥熱而撒手人寰。被葬在古祿塞斯特郡（Gloucestershire）珊得利城堡（Sudeley Castle）聖瑪莉教堂內。

　　亨利八世在歷史上的突顯事蹟是，擁有六位妻子及創立英國國教。他的婚姻故事可說佈滿血腥、背叛、殘暴、無情、無

義、無德、恐怖。他無法無天，亦無宗教情操，為了逞私慾、黜后，不惜與教皇決裂、反目成仇，是我行我素、君權神聖的極端例子。

菲利普二世的多婚背景 09 與亨利八世不一樣，雖然目的皆在獲得王子。前者兩位妻子死於產褥熱，一位在懷孕中過世，皆是自然死亡，另外一位則是不孕。

沒有廢后、判死刑。

葡萄牙婚姻

菲利普王儲於一五二七年五月二十一日在華拉杜利德誕生。一五四三年五月中旬，他十六歲，此時，父王查理五世要離開西班牙到德國，攝政的責任就落在菲利普肩

10 瑪莉亞

上。前者期望王儲能盡快完婚，我們知道王儲的婚姻是國家大事，除了是孕育未來的統治者外，最好亦能擴張政治威望。

亞拉岡、卡斯地爾、葡萄牙成為伊比利半島統一的王國，一直是卡斯地爾國王的夢想與理想。天主教君主夫婦就把長女、三女繼續嫁給葡萄牙王儲、國王，目的在此。但在他們統治期間未能成功。查理五世於一五二六年娶其表妹葡萄牙公主伊莎貝拉，也是意圖繼續此政策。現輪到菲利普王儲，他的對象當然是葡萄牙公主、亦是其表妹瑪莉亞（Maria de Portugal，1527 −

1545）**10**。

他們於一五四三年十一月中旬在沙拉
曼卡成婚。於午夜舉行宗教婚禮後就入洞
房，一群達官顯要須驗證新人是否圓房，
然後才被允許分房入睡。接著一星期，
沙拉曼卡以騎士比武、賽牛、放煙火來
慶祝王室婚禮。之後，這對年輕夫婦及
隨從啟程赴華拉杜利德。

09 菲利普二世

母女情深，瑪莉亞時時閱讀、思索
母后凱薩琳親筆撰述的座右銘手冊：「打聽妳過世婆婆生前做些
什麼事，過著怎樣的生活，喜歡或討厭什麼，其思想與習慣是
什麼，這一切皆要使妳的舉止行為能夠像她一樣。」在妻子身上
找到已逝母親的優點，對一位年輕丈夫而言，是項強有力的吸
引力，凱薩琳希望女兒能了解到這點。避免言行失禮以取悅丈
夫：「永不容忍別人在妳面前發出猥褻的言語。若妳夫婿不在
時，許多宮廷女侍在妳居所過夜是合宜之舉。盡其所能永不嫉
妒，它摧毀滿足與寧靜」。

「不要藉由第三者來取得夫君與皇帝公公的信任，而是由
妳本身來執行。對於丈夫的祕密要完全保密。誠實、坦率、合
理地回答重要的問題。寫少量的書信，可能的話永遠不要寫。
永遠遵守行動比言語更佳的原則」。母后叮嚀、訓練女兒未來
當王后的角色。

婚後一年八個月，瑪莉亞難產下一男嬰，很不幸地，因產
褥熱而魂歸西天。放血、穿冰衣、睡冰床是當時的治療方式，

一點也不奏效，因不知何謂感染。菲利普躲到修道院去療傷。

期待有朝一日伊比利半島成為統一的王國，查理五世把其女兒華娜嫁給葡萄牙王儲。王儲不久過世，遺腹子即未來的塞巴斯提安國王（Sébastien），於一五七八年遠征摩洛哥戰死，菲利普才順利登上葡萄牙王寶座。

英國婚姻：姑媽血腥瑪麗女王

亨利八世唯一兒子愛德華六世，於一五五三年夏天因肺癆早逝。一五三六年亨利允許瑪麗再回到宮廷，他安排繼承王位的次序如下：愛德華、瑪麗 ⑪、伊莉莎白。

⑪ 瑪麗女王

瑪麗登基後想在英國恢復天主教，意圖尋求查理五世的支持，英格蘭鄰國亦是敵國的蘇格蘭，公主瑪麗·斯圖亞特（Mary Stuart）從小在法國朝廷長大，將許配給法國王儲。擔憂法國威脅，查理五世與法王方沙一世處於敵對狀況。基於共同利益，瑪麗與查理雙方有意結盟，後者指定菲利普王儲與瑪麗成婚。新郎二十七歲，新娘三十七歲，並且還是他的姑媽呢！政治婚姻是不顧年齡差距，且不管輩份。英國不乏反對這樁婚姻聲浪，但叛亂被抹平，主導者被叛死刑。

一五五四年一月五日，簽署婚姻合同，隔日舉行代理婚

禮。瑪麗女王和英國樞密院苛求的婚姻條款，與卡斯地爾公主伊莎貝拉與亞拉岡王子斐迪南，一四六九年十月結婚合約雷同。所有的條文對英國女王較有利，菲利普保證不侵犯英國的權利與自由，不引進西班牙軍隊，無女王同意不能帶她出國。不能強諸外國人勝任國家重任，亦不能拖連英國對外國宣戰。若他們有小孩，他除了繼承英國王位外，也承襲布格尼與低地國。西班牙、那不勒斯王國、西西里島則歸菲利普長子唐卡洛斯。若女王先過世，菲利普對英國無任何權利。合同擔保英國的政治獨立，菲利普只是侍衛王子。

菲利普與瑪麗於一五五四年七月二十五日正式成婚，華服、珠寶亦難襯托出新娘平庸的外貌，已稀疏的紅髮、兩眼無神，扁平的鼻子下有一個大嘴巴。菲利普講西班牙文，瑪麗會聽但不會講，瑪麗講法文，菲利普聽得懂但不會講。

瑪麗登基不久，即向羅馬請求解除對英國的禁令。教廷派使者來接受懺悔的子民，與英國國會眾議員下跪迎接赦罪，逾三分之二的眾議員先前還是贊同宗教改革的法令呢！一五五四年十一月三十日，英國與羅馬和解。但那年冬天異教徒（即原來的新教徒）被迫害，數百人遭受火刑，「血腥瑪麗」之名由此而來。以強硬手段、高壓政策恢復天主教事件中，菲利普的態度平和，他勸女王採納容忍。查理五世譴責暴行，明言若繼續執行將震撼英國王國。

英國恢復天主教非查理五世的優先考慮，一切皆聽命於父皇的菲利普，父子倆較擔憂低地國的安穩，唯有英國成為盟國才能實行此政策。避免嚴厲鎮壓英國人，免得菲利普被誤認為

是禍首，他不是他們的敵人。

英西聯姻的目的，查理五世的藍圖是，英國與低地國形成北部的政治集團，南部則是地中海沿岸、那不勒斯、西西里島。一連串的政治婚姻，使查理五世擁有龐大的帝國、領土，但低地國、佛朗德人民性格、風俗與西班牙迥異。分成南北兩個政治體系較易統治。要實現此目標前提是瑪麗須生個王儲或公主。

曾謠傳瑪麗懷孕，事實上，她是不孕的。婚後一年兩個月，菲利普覺得沒留在英國之必要，且父皇意圖遜位，在低地國需要向他面授機宜。他於一五五五年九月離開英國。一五五七年三月中旬回到英國至七月初，目的是向英求援以對抗法國。

瑪麗得了卵巢腫瘤，於一五五八年十一月中旬病逝。英國婚姻並無具體成果。

法國婚姻：和平使者伊莉莎白

法國華洛王朝的伊莉莎白（Elisabeth de Valois，1546－1568）被稱為「和平王后」**12**，她是法王亨利二世與凱薩琳・得梅迪西斯（Catherine de Medicis）的第二個孩子。此政治婚姻讓法國在外交打了一場勝戰，因避免鰥夫的菲利普與英女王伊莉莎白聯姻。卡多－坎培錫（Cateau-Cambrésis）條約預定，菲利普娶法國公主伊莉莎白，後者須放棄法國王位權利。

新娘未滿十四歲，年輕漂亮、纖細、優雅、烏黑發亮的眼睛及頭髮、膚色白嫩、活潑，人見人愛。根據法國作家布蘭登領主，西班牙的貴族都不敢正視她，深怕墮入情網而遭到國

王嫉妒。甚至教會人士亦避開她的眼光，以免受到誘惑。可見她魅力十足。新郎將滿三十三歲，紅毛、身材不高、眼球、下巴皆突出。菲利普等伊莉莎白滿十五歲才與她行房。

⑫ 華洛王朝的伊莉莎白

伊莉莎白是典型政治婚姻的犧牲者，歐洲政治棋盤的一只棋。她的身體不屬於她，身不由己，知道身負重大外交任務，攸關法西兩國友好關係。她的母親期待她能扮演政治角色，但她絲毫無政治權力，只扮演生理角色，為西班牙王朝生個繼承者的生產工具。

太早結婚，青春少女就成了母親。本來個性開朗、熱情，連續五次的懷孕、分娩、流產，損害她的健康。她與夫君相差十八歲，後者以近乎父愛的溫柔對待她，是談不上平等關係，更遑論對西班牙的政治影響。一五六六年八月中旬，伊莎貝拉公主，隔年凱薩琳公主陸續誕生。一五六八年，她早產一女嬰而過世，得年二十二歲。

西班牙朝廷有一習俗，王后在懷孕末期須立遺囑。伊莉莎白不容易懷孕，一旦懷孕過程亦不順利，半數皆流產。她時常

頭痛、嘔吐、發燒。她剛到新的國度時，親身女侍窺伺她的初潮，以向法國母后稟報。接著熱切期待快點懷孕。她數次表明無法替國王生個王儲的挫折感。

臨死前數小時，她向法國駐西班牙大使請求，囑咐其弟妹為保留與西班牙之間的和平與友誼而努力。她把靈魂交給上帝，死得像一位神聖的基督徒。

《唐吉柯德》一書作者塞凡提斯（Miguel de Cervantes），在他無數獻給王后的詩篇裡：她一點也不病懨懨，像一位擁有和平力量的女性，象徵代表法國王室百合花徽與和平橄欖樹枝之組合。成了神聖化聲譽的燦爛形象，其優雅呈現永恆，其王夫統御「西班牙偉大的領土」。

奧地利婚姻：遲來的幸福

伊莉莎白葬禮時，菲利普沒勇氣參加，他退避到馬德里郊外一座修道院撫平劇痛，認為幸福不再。時間沖淡其哀慟，兩年之後，「就我現在這種狀況，我是快樂的，但是面對上帝及我的子民，我沒盡責，我的職責永遠超越我個人的滿意。」西班牙國王向奧匈帝國皇帝透露心聲。雖然伊莉莎白給他生了兩個聰慧、可愛的小女兒，但是無

13 安娜

王儲是件憾事。

　　法國母后一旦獲悉伊莉莎白過世消息，馬上建議小女瑪格麗特公主，為菲利普再婚候選人，後者以「連續娶兩位姊妹，我有諸多顧慮」而謝絕。奧地利女公爵安娜本來是要當唐卡洛斯未婚妻，後者暴斃。菲利普決定娶外甥女安娜。他四十三歲，她二十一歲。

　　安娜 ⑬ 是菲利普大妹奧匈帝國皇后瑪麗（Marie，1528 － 1603）的長女。她於一五四九年十一月一日在西班牙出生，因當時菲利普到英國與瑪麗女王結婚，西班牙國事由堂弟馬克西米里安攝政（安娜之父）。她的家庭總共有十六位子女，但僅七位存活。從小被教養尊敬上帝、愛國及無限地崇拜西班牙與其國王。

　　一五七〇年十一月十四日，菲利普與安娜在塞哥維亞阿拉伯王宮慶祝婚宴，兩天後，在大教堂舉行正式婚禮。菲利普深愛妻子，與她形影不離，她伴隨他去艾斯科利亞宮及巴度宮（le Pardo）。他極有耐心地向她解說每座王宮的歷史軼事，她好奇、仰慕夫君。一向內向不善言語的他，向一位伯爵表白：「上帝賜給我在世上我想要的幸福，我是多麼高興與滿足！」

　　個性焦慮、沉默、易於悲觀、傷感，菲利普二世婚後變得較沉著、安詳。安娜視伊莉莎白的兩位女兒為親生女兒，照顧有加。菲利普與第三任妻子的關係是激情，第四任妻子則是幸福。他真正享受和樂的家庭生活，對愛妻的情感與日俱增。他們分離時，每星期通信兩次，他關心她的健康、日常活動。

　　一五七一年十二月四日，一個強壯的男嬰誕生了，西班牙

舉國歡騰。但不滿一歲王儲夭折。一五七八年四月中旬，第四個男嬰菲利普出生，他是安娜五個孩子中唯一倖活者，是未來的菲利普三世。一五八〇年二月中旬，唯一的女嬰出生，但只活到三歲。

年輕的葡萄牙國王塞巴斯提安，於一五七八年在北非戰敗身亡，叔父亨利繼承王位，但在位一年半後過世。葡萄牙王位騰空，一五八〇年，菲利普派大將艾勃公爵入侵葡萄牙，佔據里斯本。

大多數貴族支持，菲利普是塞巴斯提安王最近親屬（是他的舅父）之名義，名正言順該繼承葡萄牙王位。一五八〇年六月初，他率團朝向里斯本前進。天主教女王伊莎貝拉的夢想：伊比利半島成為統一王國，曾孫菲利普即將實現此理想。

像平常一樣，安娜陪伴夫君去遠征，此時已有身孕。但從葡京傳來流行劇烈重感冒的駭人消息，此瘟疫已擴展至西班牙，甚至整個歐洲。王室一家人及陪行的四萬七千名軍人，暫時駐留在邊境城市巴達荷茲（Badajoz）。菲利普及一女一兒病倒了，國王病情每下愈況，王后日夜伴隨照料，罔顧醫生會傳染的勸告，願以其生命換取國王的，蓋攸關西班牙王國與教會。

病入膏肓時，國王須立遺囑，預先安排攝政樞密院。當安娜獲悉被摒除時，多年來的忠誠、奉獻，無法了解國王對她的不信任，其自尊心受損，向夫君尋求解釋。此不愉快事件動搖王后身心，輪到她生病，不幸於十月二十六日魂歸天國，享年三十一歲。她留下三個孩子，但是一五八二年迪耶哥小王子於七歲，一五八三年瑪麗亞小公主三歲相繼早夭。此時身體羸弱

的菲利普才兩歲，他成為後來王位繼承者。

　　對於上帝的意旨，菲利普完全認命，希望安娜能安享天主的存在。數年之後，他在書信中追憶他們共度的美好時光。安娜的遺體被葬在艾斯科利亞宮，菲利普一五九八年駕崩後與安娜合葬（生出王儲的王后才有權）。他多活十八年，永遠懷念天使般的愛妻，拒絕再婚。

小城托雷多
故事多

二〇〇五年七月，首度踏入托雷多（Toledo）古城 01 時的心境，是想去初次體驗從書本學來的知識。正巧大教堂 02 有一紀念天主教女君主伊莎貝拉逝世五百週年（一四五一年至一五〇四年）的展覽，我進去參觀。我們的旅館「畫家艾格雷哥」（Pintor El Greco）在城內，離他的故居博物館不遠，故以此命名。在狹窄、有坡度的街道上，沒刻意涉足其他教堂、博物館，只是細細、祥和地欣賞建築物的外貌，讓城市印象深入腦海。

五年之後，再度親近此城，旅館選在對面山丘上的 Parador，在它的平台上可遠眺托雷多全景，一家電視台就在

01 托雷多全景

那裡拍攝。我最喜歡遙望都市全景，如果有那樣的旅館一定不
會錯過。我們開車至Alcazar附近一停車場，就迫不及待去征服
此魅力十足的小城。與新加坡、日本觀光客、英國的中學生團
體擦肩而過。隔日在一處停車拍照時，看到十多位日本畫家在
繪畫托雷多景色。參觀聖羅馬教堂（San Roman）兼西哥德教諭
與文化博物館（le Musée des conciles et de la culture wisigothe）時，

一組十二個人的日本遊客，以耳機聽導遊講解，以遵守在教堂維持肅靜之禮貌。

到西班牙旅遊，除了安達魯西亞省塞維亞、科多巴、格納達三顆明珠外，沙拉曼卡、亞維拉、塞哥維亞、托雷多等景點，歷史悠久、極具魅力、各有特色，一定不可錯過。

托雷多被列入世界文化遺產，實至名歸。

西哥德人的京都

地處西班牙中部，被塔霍河（Tajo）圍繞的花崗石高地，羅馬人看中它戰略價值的地理環境，於西元前一九二年把它發展成城堡。蠻族西哥德人於公元四一二年南下，占領西班牙及一部分法國，以法國南部杜魯斯（Toulouse）為都城。五〇七年法國人的祖先法蘭克王克洛維（Clovis）擊敗西哥德人，後者被迫鞏固西班牙領土。他們入侵、定居西班牙長達兩世紀之久。自認為是羅馬帝國的傳人，五五一年選擇托雷多為京都，當時皇宮在當今城牆外，離羅馬競技場遺址（現成了一座公園，但可看到組成石塊）不太遠。

西哥德人本來信奉阿利安教（arianisme），托雷多的西班牙—羅馬居民是基督徒。

五八九年的宗教會議，西哥德王改信天主教，隆重宣布耶穌、上帝、聖靈同為一體，此會議確認國家與西班牙的天主教會之聯盟，意義深遠。托雷多後來升格為首席主教管轄區：王城的主教優於王國其他地區的主教。故托雷多是政治與宗教首

02 大教堂

都，主教對政治有干涉權，王位繼承有影響力。

西哥德人於六五四年發布的《法官要典》(*Livre des juges*)，可媲美羅馬皇帝查士丁尼 (Justinien) 主持編纂的著名法典，法律之前人人平等。

無法實現世襲制王位繼承，選舉新王時主教有發聲權。鬥爭加上野心，陰謀、謀殺是宮廷常事，經常更換統治者，衍生政局不穩。七一〇年時，新王北征討伐被部分貴族支持的敵手，也要應付法蘭克人及巴斯克人 (Basques)。北非阿拉伯人伺機侵襲，長驅直入伊比利半島，因而重寫西班牙歷史。

三種宗教並存的西班牙

七一一年在西班牙歷史是重要指標。除了北部庇里牛斯山山區，不到五年期間，整個西班牙落入阿拉伯人 (摩爾人) 手中。從此，伊比利半島有著回教文化與西方基督教文明。我們探討為何西班牙會遺失一大片江山國土呢，當時的伊斯蘭教朝氣蓬勃，充滿擴張主義，加上西哥德王國飢荒、瘟疫、來自北部法蘭克人的威脅、社會腐敗、人心低落等有利因素。

由回教徒統治的西班牙稱為「安達魯斯」(Al Andalus)，據說被西哥德王權迫害的猶太人，也助敵方一臂之力。摩爾人在托雷多附近定居，城內主要居民是西班牙─羅馬人，他們慢慢改信伊斯蘭教，不僅稅制較有利，改宗者益處多。新政權對其他宗教之容忍，加上此城經濟復甦，吸引中東、北非及被西哥德人驅逐的猶太人。由於其風俗、宗教習性，猶太教徒聚集在

耶穌光明清真寺

同一社區。

　　托雷多的基督徒繼續奉行其宗教儀式，保留幾座教堂，其餘的則改造成清真寺。主教任命須經過阿拉伯親王的許可。建於九九九年稱為耶穌光明清真寺（Mosquée del Cristo de la Luz）03，據說是依西哥德統治時期就存在的聖殿舊址而建。其名「耶穌光明」來自一傳說，西哥德人為了避免回教徒入侵托雷多，破壞神殿，把耶穌像藏在壁洞裡，旁邊置放一油燈。一〇八五年五月，阿方斯六世軍隊凱旋進入此城，路過清真寺時，

其坐騎突然停止不前行，一行人驚訝認為是天意。於是入寺搜索，終於找到被隱藏的耶穌像，讚歎此神奇發現，國王立即舉行彌撒。為了紀念此盛事，清真寺正門前國王坐騎下跪處，鋪一塊白石，至今清晰可見。

往昔，西班牙境內此城聚集最多的猶太人，原本十座猶太教堂，目前托雷多僅存兩座猶太教堂，純白聖瑪利亞教堂（synagogue de Santa Maria la Blanca）建於十二世紀末，本來是猶太人的聖堂，一四〇五年成為教堂。

羅馬人、西哥德人、猶太人、阿拉伯人、一〇八五年之後基督徒，相繼在托雷多居住，堆積歷史，幾世紀以來尚能和平相處，共同為城市繁榮出汗賣力。世界上有幾個城市能擁有如此多元文明呢？城市建築在訴說它豐富的歷史，及基督教、猶太教、回教三種文化遺跡。

一〇八五年五月阿方斯六世奪回托雷多

一〇八五年五月二十五日，在托雷多歷史是一紀念性日子，英勇的阿方斯六世光榮地進入城門 **04**，此舉政治、宗教意義非凡。經過十年的戰爭，圍攻、小衝突、搶劫，以擾亂城市的糧食供應，托雷多終於投降。卡斯地爾王光復國土，恢復基督教勢力，此城可作為收復南部領土的基地。國王一行人目睹的市容，是保留完整的阿拉伯城市，有內院、花園的豪宅，彎彎曲曲的小路。阿方斯六世收回領土之際，也想成為基督教與伊斯蘭教的國王。

托雷多成了歷史的重要轉捩點，雖然光復國土最後一頁，不知何時才能完成。阿方斯六世在位時，沒實現以此城為戰略據點，南下遠征的壯舉。他曾數次出擊，皆沒成果。須等到一二一二年七月十六日，西班牙境內王國聯軍，加上法國來的法蘭克盟軍總共二十二萬名，基督徒軍隊在哈恩省（Jaén）Las Novas de Tolosa，擊敗阿拉伯士兵。此勝利戰役才開展收復西班牙南部大部分失土之遠景：科多巴於一二三六年，塞維亞一二四八年，卡地茲（Cadiz）一二六一年重回基督徒版圖。

一四九二年元月，天主教君主接受回教徒最後堡壘格納達王國投降，西班牙才真正統一。

十二世紀時，托雷多成為遠近馳名的翻譯中心，也是三種宗教學者相聚、互相切磋的理想城市。十二至十六世紀，它成

04 著名的比沙卡城門：阿方斯六世與查理五世經此門入城

為卡斯地爾省區首府，富庶，欣欣向榮。

感恩 天佑戰勝而建的修道院

在聖馬丁橋遠眺，可看到一座不怎麼高聳、雄偉的修道院、

教堂 ⑤，混合哥德式、阿拉伯式、文藝復興三種建築采風，地處猶太人區。一四七六年三月一日，未來的天主教君主伊莎貝拉與斐迪南，於圖合打敗葡萄牙國王與卡斯地爾部分貴族聯軍。為紀念戰勝，決定在托雷多建造一座皇家陵寢的修道院，但一四九二年驅逐了格納達最後的摩爾人，則改變初衷。

方濟士教派修士於是接管修道院。

拿破崙在位時，為解決西班牙王位父子爭奪戰危機，乘機派兵進入西班牙。殊不知，引起西班牙人反感及強烈抵抗，這是歷史上著名的西班牙對抗法國的獨立戰爭（1808－1814）。法軍離開此城之前，火燒修道院。

修道院的迴廊（cloître），像大多數西班牙境內的隱修院一樣，雍容華貴，花邊石雕燦爛，美的饗宴，令人嘆為觀止。教堂外面壁上懸掛著，被解放基督徒之鐵鍊 ⑥。

歷經滄桑 Alcazar

第一次去托雷多造訪時，阿拉伯王宮在整修 ⑦。第二次去時正值六月，七月才會對外開放。參觀一座城市時，喜歡從A到Z徹底認識。一九九五年夏天去龐貝古城時，攜帶「挖掘考古、路程、地圖、重新設圖、龐貝古城指南」，不錯過每一屋宇、細節，我們揣想維蘇威火山未爆發前，龐貝之市容景觀。錯失探究阿拉伯王宮機會，沒關係，下次可再來。

阿拉伯王宮傲然聳立托雷多最高處，俯視全城，是此城的座標。遠眺近看，皆覺得它巨大無比。

06 聖璜修道院外牆：
基督徒俘虜的鐵鍊

　　西元三世紀，羅馬人在此高地築兵營。西哥德人建造王宮。
回教徒統治時期，成了王宮、城堡，面對科多巴（Córdoba）伊
斯蘭教領袖中央集權，意圖政治、經濟獨立的此城居民叛變，
在此與權威當局引爆衝突。基督徒光復此城後，阿方斯六世、
七世、八世、十世，把它充當軍事要塞，以預防南部回教政權
的反攻。Las Novas de Tolosa 戰役凱歸後，回教政權版圖驟減，
它不再具有威脅殺傷力。Alcazar 成了王宮。

阿拉伯王宮

　　一五二〇年至一五二二年，反抗查理五世為了執行其歐洲
政治，提高西班牙人民稅金，卡斯地爾托雷多、塞哥維亞、沙
拉曼卡等城市群起叛亂，是西班牙歷史上著名的「共同戰爭」（la
guerre de Comunidades）。Alcazar充當叛軍總部。查理五世謀平叛
亂後，托雷多成了他龐大帝國首都，阿拉伯王宮被翻修成華麗
的皇宮。

一五六一年二月，托雷多歷經最嚴酷的冬季，雪花飄飄、城市堵塞。菲利普二世心情沉悶、鬱卒，做了生平重大決定：把京都遷移到馬德里。幾次國家級會議，此城無法容納省區來的代表，甚至外國使節，讓他們吃住皆合宜。綿延不斷、豐富亦沉重的歷史包袱，先祖、父皇的遺跡無從不在。但是「新王朝，新京城」，不是嗎？另一項個人慘痛的回憶是，十二歲時，摯愛的母親在此城產後辭世。光榮的歷史使它成為城市博物館，但受限於地理環境，很難實施新興都市計劃，居民每日生活著實不易。

　　不再是皇宮之後，Alcazar歷史驟變。十七世紀成了國家監獄。後來遭逢數次祝融之災：一七一〇年、一八一〇年拿破崙軍隊離開托雷多時燒燬一些建築、一八八七年意外火災。一九三六年七月二十二日至九月二十七日，西班牙內戰時，政府的共和軍圍剿困在Alcaza的國民軍，當前者撤退時，它幾乎成了廢墟。

　　目前是軍事博物館兼卡斯地爾─拉曼恰（Castille la Mancha）圖書館。它的外觀是四方型建築，四個角落有塔樓。每一個方位的外貌有其型式，一方有中古世紀風味，北方是金銀細工般富麗裝飾，南方亦是華麗風格。

　　二〇一一年六月，我們第三度造訪托雷多時，終於了卻參觀Alcazar之心願。

歷史的悲劇人物：
唐卡洛斯

　　席勒（Frederick Schiller）於一七八七年編寫的戲劇《唐卡洛斯》（Don Carlos），一八六七年三月威爾第（Giuseppe Verdi），依此劇本為巴黎歌劇院譜成歌劇。雖然不符合史實，但唐卡洛斯聲名大噪，歐洲稍有文化涵養者，皆知曉這位歷史的悲劇人物。

　　唐卡洛斯（1545－1568）**01**是西班牙與葡萄牙兩代政治聯姻，近親通婚的悲哀成果。祖父查理五世娶了表妹葡萄牙公主伊莎貝拉，其父菲利普二世與表妹葡萄牙公主瑪莉亞。菲利普與瑪莉亞有一共同的祖母、外婆，即瘋女王華娜。近代優生學反對近親通婚是有其道理的。

異常、殘忍行徑一籮筐

　　他誕生時似乎前途無量，有朝一日有希望統治伊比利半島。但其病態遺傳使他生命折翼。瑪莉亞公主因產褥熱而往生，他從小失母，且菲利普因政治離開西班牙數年，唐卡洛斯由兩位姑媽看管、教養。幼小時就顯得不正常，嬰兒

時就有異常的本能，不僅咬乳母的奶頭，甚至吃下，其中三位差點過世。很久以來大家擔心他是啞巴，直到三歲才開始結結巴巴說話，二十歲才正常說話。

菲利普二世給未來王位繼承者，安排良師，但唐卡洛斯對唸書不感興趣，其叛逆及高傲的個性，不接受、承認

權威。他拒絕服從，甚至孩童時極喜愛的華娜姑媽，因成了年輕寡婦而回西班牙替菲利普攝政，也無法管制他。僅僅菲利普與查理五世能鎮壓此種難以駕馭的天性。

到西班牙退隱，在華拉杜利德居留兩星期，查理有機會觀察孫子，他向姊姊伊蕾娜爾吐露心事：「我覺得他很好動、愛鬧，其態度、情緒很讓我不悅，我不知有一天他會變成怎樣」。皇帝亦指責孫子對姑媽不敬。唐卡洛斯極驚訝、讚賞祖父從低地國運來，為風燭殘年老體取暖的爐子。他很想擁有，祖父不慍地回答：「當我死後，你就會有！」

十二歲時，頭大與身體不成比例，體質虛弱，性格殘忍。有一天，人家給他帶來野兔及其他獵物，他的興趣就是把它們活烤。有一次，收到一條毒蛇（vipère）的禮物，這條蛇咬了他手指，他立刻把牠的頭砍斷。青春期時對女人不害臊，愛著華服，愛發脾氣、固執己見。野心勃勃，只要教師給他講解有關

戰役的事，則十分嚮往榮耀。

有個夜晚，他在街道漫步，不幸被潑到水。立刻命令把那棟房子燒燬，把居住者處死。菲利普替他訂做一雙靴子，但是緊了一點，他控告父親故意這樣做。叫人烹煮靴子，切成小塊，強迫鞋匠吃下去……。一位主教禁止一位演員在唐卡洛斯之前演出，後者以短刀威脅主教。

他一直熱切期待在國政上扮演要角，成為眾人矚目的對象。查理五世在布魯塞爾遜位時，菲利普參加典禮。其妹華娜在西班牙攝政，她安排一個宣布菲利普為新君主的正式儀式，唐卡洛斯代表父親登上卡斯地爾王寶座。在臨時搭台上被大使、主教、貴族、達官要臣圍繞，在這盛大莊重的典禮，他心飄飄然，驕傲其崇高頭銜，儼然已成為一國之君、權力在握。

雖然對兒子感到失望，菲利普還是授予他金羊毛勛章。但面對這位怪異、智能堪虞王位唯一繼承人，他不禁擔憂西班牙前途。一五五九年與法國簽訂和平條約之後，他本來打算安排王儲與法國公主伊莉莎白的婚事。但深思熟慮之後，決定由他與兒子的未婚妻成婚。不知唐卡洛斯是否怨恨父王。

得不到漂亮嬌妻，但是卡斯地爾王位繼承者的宣誓典禮，滿足了唐卡洛斯的榮譽感與虛榮心。在托雷多大教堂舉行的隆重儀式，耀眼的華服卻掩不住他的醜態。盛典參與者有兩位青少年特別醒目，奧地利的唐璜（Don Juan d'Autriche）及亞歷山大‧法列茲（Alexandre Farnese）02。前者是查理五世成為鰥夫後的私生子，後者是婚前在低地國與一位女侍所生女兒瑪格麗特（Marguerite de Parme）的兒子。膚色蒼白、體軀畸形的王儲，

在這兩位風度翩翩、神采奕奕、面
色亮麗的俊美男子之間，更顯得相
形見絀。

他身體虛弱，時常生病，數
小時的宣誓典禮把他累垮，再度病
倒。經常發燒，馬德里的氣候不
適合他。菲利普把兒子送到首都東
北部氣候較佳的阿卡拉·得恩納瑞
斯（Alcala de Henares）小城靜養與唸

02 亞歷山大·法列茲

書。小城清新的空氣似乎壯強其元氣，他和唐璜及亞歷山大兩
位玩伴，到此城著名的大學 **03** **04** 就讀。

03 著名的阿卡拉·得恩納瑞斯大學

04 **西司內荷斯主教的教堂墓碑**：西司內荷斯主教創辦阿卡拉‧得恩納瑞斯大學，他的墓碑位於此城

差點喪生意外事件

一五六二年四月卻發生了一樁糗事，唐卡洛斯差點赴黃泉報到。他迷戀王宮看守人的女兒，為了與她幽會，他使用通往花園一個陰暗的陡梯，心慌情急之下腳踩空頭著地。依照當時可行的醫術，他被放血，病情似乎好轉，急忙趕來探病的父王才安心返回馬德里。

但不久卻持續發燒，醫生、外科醫生開會商討對策，共同診斷出頭顱內必定有傷害。菲利普擱下國事，披星戴月趕路，帶來重要部長、樞密院成員及朝廷要臣，還請來低地國一位傑

出醫生。儲君病狀每下愈況,死神似乎不遠。國王憂心如焚,下令全國集體禱告,及持著聖骨進行宗教遊行。

九位醫生與外科醫生已經用盡他們的醫技,認為病人只剩下數小時就會斷氣。菲利普被勸告遠離病床,他指示部長安排葬禮。儲君的屬下已開始訂製喪服。低地國那位卓越醫生靈機一動,決定施行穿骨術。不知是穿骨術奏效,或是聖人遺骨顯靈,唐卡洛斯逐漸恢復,逃過死神召喚。

從發生意外到完全痊癒,歷時三個月。儲君得以到馬德里與王室家族團聚,雖然他一直行徑怪異,但王座繼承人的身分,使他成為西班牙人崇拜的對象,首都居民興高采烈慶祝其康復。

外國使節眼中的王儲

儲君有個小毛病,即飲食過度、不知節制,且不愛運動。一五六三年八月,菲利普計劃伴隨兒子到亞拉岡蒙容(Monzon)小城,參與亞拉岡王位繼承者的宣誓典禮。但幾天前,唐卡洛斯再度暴食而病倒、發高燒。儀式不得不延期。

駐在西班牙的外交官及特使,免不了會向他們的政府、朝廷作報告。他們如何描繪龐大帝國未來的統治者呢?

維也納特使的信函:

> 關於西班牙王子,我的聽聞皆是不好的評語。兩肩不平衡,兩腿一高一低。他似乎理解不少事,但有時候就像七歲小孩一樣。他什麼皆想知道,且發出不少問題,

但是沒有判斷力。看不出他具有高貴情操，或對什麼感興趣，除了貪吃外，這亦是他致病的原因。諸多人認為這樣下去是活不久的。其智性未開化，無法判斷是非、舉止合宜。

當特使與唐卡洛斯見過面之後，前者的觀點：

他個性強烈、易怒，有時候大發雷霆。有話直言，且不顧是否會傷人。對人不滿則難改其初衷。固執到底，許多人懼怕若他失去理智，將會做出怎麼的事。有極佳的記憶力，他厭惡謊言，喜歡正直、有德性、傑出的人。要人們好好地服侍他，他會善待這些人。

奧地利皇帝希冀把大女兒安娜公主嫁給唐卡洛斯，其特使除了描寫真相外，盡量發掘西班牙王子的優點。後者雖然有缺陷、身體虛弱，但他畢竟還是一個強權君主的繼承人。

曾在西班牙朝廷逗留兩年的威尼斯大使，描繪出一幅陰暗的畫像：

他氣質憂鬱，故時常發高燒，有時喪失理智，似乎遺傳其曾祖母。從孩童邁入青春期，對研讀、武術、馬術、其他良好、愉悅的嗜好，無一感興趣，只是想惡待他人。他視為下等之人在他面前出現時，則下令鞭笞，不久之前，他非要把某位去勢不可。不喜歡任何人，卻深恨許多人。在所有情況下，他憎惡成為有用之人，卻極傾向於損害他人。態度堅決、固執己見。說話困難、緩慢，

思想無頭緒、不連貫。已經十七歲了，卻不善於處理世事。慣於誇大事實及讚嘆一切的西班牙人，頌揚他提出的一些問題，但是深究之下，有些人識別出問題之不中肯，而認為其智能之平庸。

其繼任者亦觀察出同樣的缺點：

> 他天性十分殘忍，一點也不謙恭有禮、善良親切，怨恨周遭親切的人。其驕傲無比及揮霍無度令他負債累累。與父王的關係困難、緊張。誰的話他皆不聽。一旦大發脾氣，則在床上發燒、尿失禁。朝廷所有的部長皆畏懼他，假如不執行他命令之事，後者則對他們臭罵一頓。他們明知一切皆需國王批准，故其處境尷尬，所以大家盡量避免他。

依據現代精神科診斷標準，西班牙王儲有「生理本能反常者」（les Pervers）的症狀：殘忍、虐待狂，無情感，反社會生活行為，無道德意識，不可教育、造就。無法控制衝動，精神轉化能力差，缺乏使用語言適當表達……等，皆是反常的性格特徵。

充滿君權至上的神聖使命，菲利普二世深知治國之沉甸艱鉅，但一個無能的王位繼承人，卻貪婪、覬覦權力，野心勃勃，國王心中的祕密苦楚可想而知。但還是慢慢教導他參與國是，十九歲時，讓他參加國家會議，王儲只是很傲慢，滿足其地位，卻一點也沒認真處事熱忱。

沒成就的婚姻計劃

大女兒已經嫁給菲利普二世，成為西班牙王后，法國母后凱薩琳‧得梅迪西還不滿足，雄心勃勃的她看上西班牙王儲，希冀小女瑪格麗特能親上加親，成為王妃。她去函給法國駐西班牙大使，推薦女兒，且向大女兒說是為她著想，萬一國王不幸過世，王后地位岌岌可危，若妹妹是王妃，情況就不同。西班牙王后不厭其煩，在王儲面前誇讚妹妹的美貌、溫柔、魅力。

但西班牙王室眼光更遠，看不上法國朝廷的小公主，他們期望能獲得更大的政治利益與威望。文君新寡的瑪麗‧斯圖亞特（Mary Stuart，1542－1587），十七歲成為法王方沙二世王后（François II，1544－1560），一年五個月後，成為寡婦。她不僅年輕貌美，且是蘇格蘭女王，鑑於英女王伊莉莎白未婚，她有朝一日可能成為英國女王。蘇格蘭年輕女王亦有意與天主教國度的王儲聯姻，因蘇格蘭信奉天主教，英國則是新教。以對抗強大的英國，伊莉莎白一世公開反對此婚事。

若能與瑪麗結合，唐卡洛斯勾勒在低地國扮演舉足輕重的君主角色。菲利普猜測兒子野心，擔心成為自己的勁敵，質疑其至上權威，故對此婚姻計劃亦冷卻下來。另外一個原因是：奧匈帝國皇帝斐迪南一世（菲利普的叔父），希冀為兒子查理王子贏得瑪麗芳心。菲利普尊重叔父的優先權。

另外一個十分離譜的婚姻藍圖是，與養育他的姑媽華娜成婚，唐卡洛斯對此十分反感，但是此計劃獲得菲利普與卡斯地

爾議會的首肯。華娜年長唐卡洛斯十歲，十八歲就成了寡婦，她有攝政經驗、政治手腕，端莊優雅、美德皆為人稱道。我們知道政治婚姻是不考慮私人情感、年齡、甚至輩份。菲利普私底下及西班牙重臣，是希望以華娜公主的聰慧明智，來彌補唐卡洛斯的反常、不足。看似荒唐的建議，並非無道理。華娜對姪兒施展攻勢，但後者不願再度被監護，極力反抗，菲利普不得不放棄。

查理五世生前希望，唐卡洛斯能與弟弟斐迪南的長孫女安娜聯姻，以加強哈布斯堡王朝，西班牙支系與奧地利支系之間的關係。查理的大女兒瑪麗不是嫁給斐迪南的長子馬克西米里安（Maximilien II）而成為未來的王后嗎？一五六〇年起，斐迪南向菲利普提起十一歲多孫女的西班牙婚事。西班牙駐維也納大使大力稱讚安娜，聰慧、恬靜、極虔誠、個性良好、貌美、教養好，是父母的掌上明珠，沒有比她更佳的未婚妻人選。

當唐卡洛斯見到她的小肖像時，立即墜入情網，一心一意要娶她為妻。斐迪南要求馬德里一個明確的答覆，因法國新王查理九世亦向安娜求婚。菲利普以兒子還年輕、健康不佳為藉口來推諉，婚事就一直擱下來。一五六四年斐迪南過世，其子馬克西米里安成為皇帝，他不滿意只是充滿希望的遠景，他要具體的答案。菲利普向馬克西真情吐露心中的祕密、隱痛：王儲已屆十九歲，但其生理狀況使他無法結婚。

愈來愈愛戀表妹安娜，父王卻遲遲不批准，其自尊心受損，對父親的憤恨更深。

佛朗德政策成了催化劑

菲利普與唐卡洛斯關係不好，眾人皆知。外國大使觀察到西班牙王故意不讓王儲掌權，後者深感痛苦。前者十六歲時就被授予統治西班牙之權，十九歲的王儲只是參與國事會議，而不能真正參政，菲利普比較信任一些部長。王儲雖然無能，卻懷抱強烈的雄心壯志。極欲想去佛朗德當王，亦是想逃避留在西班牙受父王的監護。

佛朗德政治可說是西班牙朝廷的燙手山芋，必須採取緊急政策，西班牙國王的現身露面，可能會安撫民心。但他無法安心獨自前往，把國家責任委託唐卡洛斯，於是菲利普多次宣布王儲將與他隨行去低地國。事實上他是在玩弄兩面手法，在暗地準備一支龐大的鎮壓軍隊，由他最優秀、最殘忍的將軍艾勃公爵（le duc d'Albe，1508－1582）指揮，一五六六年，他被任命低地國總督，擁有絕對權力以鎮壓叛亂。

艾勃公爵被任命消息傳到王儲耳裡，後者惱怒，此意味他去低地國的希望成泡沫。當艾勃公爵來向他辭行時，他狂怒地宣告這是屬於他的任務，公爵不能前往赴任，下令後者留在西班牙否則他要殺他。公爵以王儲生命太寶貴，不能冒險；等佛朗德平息之後，國王將與您前來，屆時我將竭力效忠您…等尊重話以撫慰王儲。但後者完全不領情，情緒失控，抽出匕首要刺殺公爵，幸被公爵即時抑止。

當然，菲利普被告知這危險的一幕。每天，大家都希望王儲性格、舉止行為會改善，但希望落空。國王越來越擔心，與

親信考慮如何替西班牙王朝挽救此不幸。

唐卡洛斯並沒放棄前往低地國，謠傳他意圖帶領叛眾，菲利普更有理由抱怨。王儲寫信給西班牙王公大臣，向他們借貸離境西班牙的旅費，亦邀請與他隨行。在信中控訴父王拖延他的婚事，因他不願承受所厭惡兒子的子孫繼承其王位。

給父王的信函則展現數年來之不滿，再也無法繼續忍受下去……。一切準備就緒，一五六七年聖誕節前兩天，唐卡洛斯請叔父唐璜陪伴他搭船前往義大利，他預計去德國娶安娜公主。唐璜做了明智的決定，立即騎馬去艾斯科利亞王宮修道院，稟報菲利普。

軟禁

國王諮詢法學家、神學家、醫生，與顧問商議之後，思考多年的解決辦法，將付諸實行。「佛朗德政策使父子關係決裂，他們是無法重修和好。決定以武力強制關閉王儲，阻止他的危害」，一五六八年一月十八日夜晚十一點多，菲利普身著盔甲，伴隨幾位親信、修道院院長、兩位貴族侍從，直闖王儲房間。後者被吵醒，發覺大勢不妙，直喊：「我沒發瘋，只是你的對待讓我絕望。」一面哭泣，一面指責父親的專橫、苛刻、冷酷。國王冷峻回答不會加害於他，而是為了拯救他。從今以後不再以父親看待他，而是以國王的身分。旋即命令隨身人員，日夜監視，王儲被軟禁，被活埋。

幾天之後，菲利普分別告知各省議會、市鎮政府、教皇、

外國朝廷。他援引的理由是：王儲無能力治國，為了國家安全考慮，不得不監禁他。西班牙人民認為國王的正義太嚴厲，亞拉岡王國比卡斯地爾獨立，前者派代表去馬德里請求說明。此舉讓國王不悅，他解釋他是兒子命運的絕對主宰。

對維也納朝廷，菲利普親筆告知，並非憤怒、亦無懲罰犯錯，是為了預防妨害。其天生的缺點隨年歲而更顯著，監禁他是唯一的處方。

葡萄牙宮廷則派一位親信顧問去調查，凱薩琳母后（菲利普的姑媽亦是丈母娘）甚至提議親自來陪伴不幸的外孫。特使要求與王儲會面，皆被婉拒。

法國母后則私底下高興，王儲被囚禁，王位繼承人則將屬於即將分娩的女兒伊莉莎白王后的後代。

至於西班牙朝廷，對於唐卡洛斯事件一片死寂，就好像他已經不存在。

暴斃

雖然被軟禁，唐卡洛斯仍然抱著有朝重見天日、登上王座的希望。當他獲悉父王解散他的貼身隨扈、服侍人員及馬匹的消息，幻想破滅，陷入絕望，堅持尋死。三天三夜不吃不睡，既然餓不死，不如恢復時常使他生病的暴食本性。

馬德里夏季酷熱，他赤身裸體，房間灑水，晚上窗戶打開，睡在冰冷的床。七月中旬，再度暴食，因吞噬大量的辛辣食物，整天喝冰水。當晚，劇烈的消化不良、嘔吐、下痢，但拒絕醫

生處方。

　　十九日，情況惡化，知道不會痊癒，他很高興能夠離世。向神父懺悔，立遺囑。原諒他的看守者，付清其債務。其遺囑充滿正義與善行，好像臨終之前，上帝賦予他遲來的理智。

　　七月二十四日，唐卡洛斯結束不幸、短暫的一生，卻死得像虔誠的基督徒 05 06 。

05 艾斯科利亞皇宮修道院

06 唐卡洛斯地下墳墓：位於艾斯科利亞王宮修道院

勒班特海戰：
基督教國家的神聖同盟對抗顎圖曼帝國

中文讀者大都知道美洲黑人的祖先，是從非洲被販賣來的奴隸。十六世紀至十九世紀，地中海沿岸從摩洛哥至利比亞，奴隸貿易興盛蓬勃。販賣品是地中海周遭海岸附近村落、城鎮的歐洲居民，即基督徒。鮮少東方讀者知曉此史實，據專家估計，約有一百二十五萬人被交易。

基督徒奴隸

來自北非伊斯蘭教國家及土耳其的海盜，不僅掠奪歐洲人、摧毀教堂，亦會搶劫商船。秉著聖戰的宗教狂熱（la djihad），殘忍的侵略性，造成基督徒的大災難、海岸人口遞減，地中海成為「恐怖的海洋」代名詞。擁有基督徒奴隸的北非國家，依次為阿爾及利亞、突尼西亞、土耳其、摩洛哥、利比亞。海盜成了富裕的大地主，他們在市場販賣奴隸，比較不太貧窮的奴隸，則以贖金換取自由。有些海盜甚至擁有豪邸，亦有眾多奴隸。

塞凡提斯從那不勒斯駛往西班牙航程中，一五七五年九

月二十六日，與其弟被一艘阿爾及利亞海盜船擄獲。他四次脫逃卻沒成功，被監禁五年之後，一五八○年九月才被贖回。他是屬於幸運的一群，因有家人付贖金，想想那些家境貧困的奴隸，在苦役犯監獄度過淒慘、漫長十年、甚至三十年的歲月。

女性奴隸的價格依其年齡、姿色而定，孩童亦被拍賣。大部分俘虜一隻腳帶著腳鐐，比較強碩的則在帆槳戰船當槳手，但被鏈鎖著。若趕不上節奏，則被鞭打。通常懲罰俘虜方式是棒打一百五十下至兩百下之間。想避免的惟一方式是改信伊斯蘭教，亦可不再當槳手。但懼怕失去靈魂及忍受去除包皮之酷刑，令其猶豫不決。

在阿爾及利亞的土耳其攝政王，以收取納稅人所擁有一成的奴隸充當所得稅。這些充公的奴隸，有些留在帆槳戰船，有的則被派去建築堤防、堡壘、道路、皇宮、或去挖掘和搬運建築石塊。

稱為亞尼塞爾（Janissaire）的新士兵，是鄂圖曼帝國鼎盛時期的步兵精英。他們手持火槍或軍刀，所向無敵，類似羅馬帝國的御用軍。鄂圖曼帝國的政治和軍事統帥，主要是靠步兵軍隊。

步兵的成員是從小被擄獲父母是基督徒的孩童戰俘，他們在學校學習伊斯蘭教及行政實際知識。強悍善戰則充當步兵，其餘的則走行政路線。步兵的原生家庭是希臘人、保加利亞人、塞爾維亞人、俄國人、烏克蘭人、羅馬尼亞人、阿爾巴尼亞人……等。以基督徒的孩童、教養、訓練成鄂圖曼帝國的軍隊是有風險的。就曾發生過阿爾巴尼亞籍的軍隊對抗上級之事。

西班牙數次打擊海盜

西班牙在地中海與北非的政治，斷斷續續受到鄂圖曼帝國的威脅。

一五一六年起，著名的海盜王巴伯胡斯（Barberousse），以阿爾及爾（阿爾及利亞首都）為據點，兩年後獲得土耳其蘇丹的首肯與保護。一五二九年佔據北非阿胡塞馬群島勃諾（Penon de Alhucemas）一個西班牙軍營。為了遏阻海盜騷擾，查理五世於一五三五年七月中旬，率領三萬大軍遠征突尼西亞，在突尼斯獲得大捷，解放數千名基督徒俘虜。一五四一年十月下旬，查理五世帶領艦隊攻擊阿爾及爾，不幸遭到海上暴風，部分船艦受損，皇帝敗興喪氣而返回西班牙。

十六世紀至十九世紀初，阿爾及利亞、突尼西亞及利比亞，是在土耳其帝國版圖之內。一六二二年至一六四四年期間，大約七千名英國人在海上被擄獲。十七世紀中葉，阿爾及爾約有兩萬五千名奴隸。

菲利普二世登上王位，北非土耳其海盜猖獗的情況依然繼續。突尼西亞東南部的傑巴島（l'île de Djerba），西班牙人斷斷續續占領、築營。但一五〇〇年起，此島是受到土耳其海盜控制，雖然西班牙人亦曾再度佔據，但不持久。一五六〇年西班牙人意圖再攻占此島，做為進攻特黎波里（Tripoli）的據點。五月中旬，西班牙船艦與土耳其艦隊，於此島近海展開劇烈的海戰。後者獲勝，一萬名西班牙人被俘。此戰役是十六世紀著名的軍隊、政治遠征隊。

一五六五年，土耳其人進攻馬爾他島不成。一五七〇年，他們進入塞浦路斯島。一四八九年起，成為此島主人翁的威尼斯人極震驚，它是威尼斯共和國與東方通商的驛站。威尼斯向西班牙及教廷求救。教皇、西班牙與威尼斯共和國組成的神聖同盟（la Sainte Ligue），預定八月在克里特島集合組成共同艦隊。九月時，塞浦路斯首都尼古吉（Nicosie）落入土耳其人手中。基督徒同盟互相推諉責任，已形成之艦隊被解散。

成立神聖同盟

一五七一年五月二十五日，於梵蒂岡舉行的樞機主教會議，教皇隆重宣布神聖同盟之成立，其性質是永久性，而非只是一場戰役。

西班牙要求附加「對抗所有異教徒，而非只是針對土耳其人」之條款。菲利普二世欲殲滅地中海沿岸的土耳其及北非海盜。

 唐璜畫像

威尼斯的目標是光復塞浦路斯。

查理五世的私生子唐璜 01 07 被任命為海軍統帥。教皇還派遣一位樞機主教和耶穌會會長，去葡萄牙及法國遊說加入同盟。

塞浦路斯第二大城法馬古斯特（Famagouste）經過六個月的圍攻，終於向土耳其軍隊投降。後者進城進行大屠殺，兩位威尼斯將領，一位被剁成塊，另一位受到屈辱後，被割掉鼻子、

耳朵，活剝皮後，塞滿稻草，在市場展示。接著，懸掛在土耳其將領船艦的桅杆，運送到伊斯坦堡，被掛在奴隸監獄大門上以示警。此種不人道的野蠻行為一旦傳開，激起憤慨及消滅土耳其人的堅決意志。

神聖同盟的船艦預定在西西里島東北部的梅欣港（Messine）聚合。八月二十五日晚上，唐璜指揮的皇家號（la Reale）船艦  駛入港口。梅欣成了宗教信仰首都，船員、帶著腳鐐的划槳手（由犯人承擔），排隊陸續進入港都教堂祈禱、許願。西班牙派六位耶穌會教士，教皇派嘉布遣會修士（capucins），威尼斯及沙瓦公國（Savoie）方濟各會布道牧師，來助陣、鼓舞士氣。

在這次戰役中，神聖同盟派遣兩百十三艘划槳船、六艘威尼斯加萊賽戰船（galéasses）、三萬名戰士、一萬三千名水手及划槳手。

02 唐璜皇家號船艦模型

鄂圖曼帝國艦隊總司令是阿里巴夏（Ali Pacha），在「蘇丹號」（la Sultane）率領兩百八十六艘划槳船、三萬四千名士兵、一萬三千名水手及划槳手。雙方勢力旗鼓相當，一五七一年十月七日近午時分，雙方在希臘巴塔斯（Patras）海

灣附近勒班特（Lépante），展開大規模的激烈海戰  03 04 。

皇家號先發炮開戰，正好擊中蘇丹號的舷燈，基督徒認為是神諭，士氣大振。唐璜率兵上敵船展開肉搏戰，其他的船隻亦碰撞、激烈混戰。阿里巴夏被殺死，首級被刺在矛上揮舞，打擊敵方軍心，示意基督徒已戰勝。

午後四點，勒班特戰役已結束，土耳其部署中央及右翼的船隻皆被滅絕。許多跡象證明神聖同盟之告捷是天意，在阿里巴夏船艦奪取來自麥加先知墓地的綠色旗幟，已經撕碎不堪，而神聖同盟的藍色軍旗卻完整如初。置於皇家號巨型刻有耶穌像的十字架，也奇蹟似地沒受到毀損。

巴塔斯海灣佈滿數千名浮屍，基督徒損失七千五百名，兩萬名受傷。

鄂圖曼帝國死傷約兩萬名，八千名成為戰俘。

神聖同盟軍隊解放了一萬五千名基督徒奴隸，大多數是希臘人。

03 海戰圖畫

04 勒班特海戰地圖

05 維宏內茲宗教意味濃厚的歌頌畫

戰勝者獲得龐大的戰利品，蓋土耳其將領船艦，習慣攜帶大量金銀珠寶及貴重的織物。亦取得一百四十艘敵船，四百尊炮。

威尼斯、羅馬歡騰慶祝，教皇宣布唐璜是上帝派來的使者。

唐璜於十月三十一日凱旋梅欣，民眾夾道歡迎。希臘及阿爾巴尼亞人民代表向他呈獻，趁著土耳其人挫敗，在亞得里亞海沿岸建立一個基督教王國。被請示之後，菲利普回答：西班牙王子不能在威尼斯要求追回的領土上，成立君權。梅欣為唐璜樹立一座銅像，有從窮鄉僻壤來此巨像前仰慕，亦有特意在此港停泊的船隻，惟一的目的是對它沉思、瞻仰。唐璜的聲名遠播歐洲，義大利名畫家保羅・維宏內茲（Paul Véronèse），畫了一幅歌頌勒班特海戰的作品 05。

很多歷史學家認為，它是西元前三十一年九月二日，屋大

維與馬克・安東尼在希臘西部海岸亞克迪（Actium）海戰以來，最重要的海戰。

勒班特海戰在歐洲引起極大的迴響，歐洲不再畏懼土耳其人，後者在地中海的勢力暫時消長。但是土耳其人有能力重組艦隊，這是教皇所擔憂的。他於一五七一年冬季及次年春季，試圖再度發動神聖同盟，但沒得到響應。

一五七三年三月初，威尼斯與土耳其人言和，恢復傳統的中立態度，以繼續進行與東方的繁盛貿易活動。至於西班牙，菲利普二世擔憂尼德蘭問題，陸續於一五七八年、一五八〇年、一五八一年，與土耳其簽訂休戰條約。後者顧慮波斯的擴張，亦離開地中海。地中海不再是歐洲的中心，西方列強目標轉向大西洋。

塞凡提斯 06 二十四歲時，志願參加勒班特戰役，當隊長，自覺極榮幸。言道：「令人高興的這一天，大家醒悟土耳其人不是所向無敵。此海戰是幾世紀以來，甚至未來的世紀，最重要的事件。」他受了傷，左手無法靈活運用，自嘲「成就了右手的榮耀」！

06《唐吉柯德》作者塞凡提斯畫像

07 唐璜地下墳墓：位於艾斯科利亞王宮修道院

菲利普二世的無敵艦隊
為何鎩羽而歸

六〇年代末期高二時念過的西洋歷史，有些事件印象深刻，例如：法王偉大的路易十四世，有「太陽王」的尊稱，在位五十四年在歐洲發光發亮、威望十足。路易十六世與王后瑪麗‧安端妮特，因法國革命被送上斷頭台。英國女王伊莉莎白一世統治時期，英國政治、文化輝煌。西班牙的無敵艦隊進攻英國，慘敗，西班牙的海權開始沒落。

西班牙的無敵艦隊最初的名稱是「偉大、極幸運的船艦」（Grand y Felicisma Armada）。一五八八年被英軍擊敗後，英國一位貴族嘲諷它為「無敵艦隊」（Invincible Armada）。

菲利普在英國當了四年的侍衛王子。瑪麗過世後，同父異母妹妹成為伊莉莎白一世 **01**，她恢復聖公會的地位。蘇格蘭女王瑪麗‧斯圖亞特（Mary Stuart）不得民心，引起叛亂。她於一五六七年投靠英格蘭女王。意圖陰謀推翻後者，被囚禁二十年。伊莉莎白一世的智囊團勸她簽下執行瑪麗死刑令，伊莉莎白猶豫不決。智囊團先下手為強，派人執行斬首，瑪麗於一五八七年被處死。監禁期間，她數度請求菲利普發兵營救，但後者不為所動。

英西交惡原因

菲利普誇大法國華洛王朝（Valois）的威脅，低估伊莉莎白一世的敵意。擔憂英格蘭與法國親近，不利西班牙。他不熱衷支持瑪麗・斯圖亞特，雖然她是天主教徒，但曾與法國王儲成婚，其母來自法國皇親貴戚，故與法國王朝有血緣關係。

菲利普寧願看到信奉新教的英格蘭。

01 伊莉莎白畫像

一五七〇年代起，遠離西班牙本土的佛朗德領土，對菲利普是頭痛問題。尤其在奧倫治親王居勇（le prince d'Orange Guillaume）促使下，當時納入西班牙版圖，當今比利時與低地國，於一五七六年十一月簽署「康城和平條約」（La Pacification de Gand）。低地國十七個省區，組成聯邦且訂下共同目標：撤退外國兵團、召開全國三級會議、廢除壓抑異教、信仰自由的揭貼。名義上菲利普還是其至高權威，但其自治、進展成獨立意願很明顯。

02 法西斯・瑞克（上）

03 約翰・霍金斯（左）

　　一五八四年年底，西班牙軍隊圍攻安特衛普（Antwerpen，比利時北部一海港），一五八五年八月拿下此城。安特衛普投降，讓伊莉莎白一世決定軍援、財援低地國聯邦的海員（Gueux）。菲利普二世逐漸意識到真正的危險來自英格蘭。

　　英格蘭不願意看到西班牙獨霸海權、一個強大的西班牙。英格蘭港口成了低地國聯邦海員的避難港。英國著名的海盜法西斯・瑞克（Francis Drake）02 及約翰・霍金斯（John Hawkins）03，掠奪西班牙商船，明目張膽攻擊伊比利半島及美洲港口。伊莉莎白睜一隻眼、閉一隻眼，因王室可分贓戰利品。英西明爭暗鬥已有十多年，但雙方表面上維持非好戰者的姿態。

　　一五八〇年葡萄牙王位落入菲利普 04 手中之後，英國懼怕西班牙帝國日益強盛。一五八五年秋季，伊莉莎白與佛朗德叛軍結盟。菲利普無法坐視不顧，認為與英國作戰是平息低地國叛亂的最佳途徑，亦可確保新大陸航線商船之安全，與壟斷海外殖民地。

戰術與過程

西班牙的戰策是派遣一支大艦隊，在英吉利海峽與從佛朗德駛來，由亞歷山大・法列茲率領的軍隊會合後，一起征服英格蘭。英國則是千方百計阻止敵方兩支軍隊之相會，最好是先下手為強，驅逐來自西班牙的艦隊，使其喪失戰鬥力。至於荷蘭聯邦，意圖杜絕西班牙恢復在聯邦北部的勢力。

04 菲利普二世畫像

準備工作費時一年，西班牙的艦隊，包括一百三十艘軍艦、一萬一千名船員、一萬九千名士兵，其中有一千五百四十五名官員與貴族。英國方面，一百五十艘軍艦、一萬名船員、一萬名士兵。

一五八八年五月三十日，浩浩蕩蕩的西班牙艦隊離開里斯本

05 梅迪納・西多尼亞公爵

（菲利普亦是葡萄牙國王），但遭到風暴，在西班牙西北部海岸避難。七月二十日才真正揚帆出發，兩天之後，艦隊離英國海岸不遠，海航經驗豐富的船員，建議馬上攻擊停泊普里茅斯

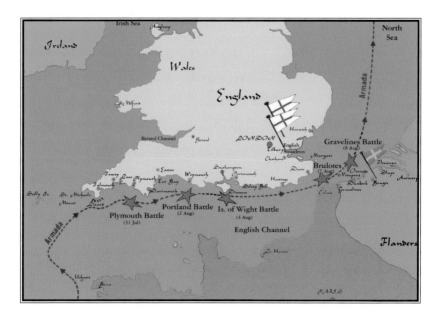

06 海戰地圖

（Plymouth）的英國軍艦。但完全無航海經驗、知識的總司令梅
迪納‧西多尼亞公爵（le duc de Medina Sidonia）**05**，認為上級的
指令是與法列茲軍隊會合後才開始戰鬥。八月二、三日，英西
艦隊首度接觸，雙方各發射炮擊，面對英國操縱較易的小軍艦，
西班牙總司令決定改變戰術。六日，把船艦駛向法國北部加雷
省（Calais）海岸。

當他獲悉法列茲軍隊八月十二日才能抵達時，海軍總司令
深知大勢不妙。停泊在加雷狹窄海灣，其艦隊毫無防禦能力。
八月八日晚上，趁著海潮與風向的有利條件，英軍的放火小船
艦突擊西班牙船隊。後者為避開前者而解開纜繩，船長切斷使

船艦穩定的鐵錨，艦隊開始分散漂流。

　　隔日，在格福林（Gravelines）展開九小時的激烈海戰 06 07，英軍戰略在拆散西軍船隊，使其觸礁、擱淺。僅有二十艘船艦能抗敵，其餘的則試圖逃避。法列茲起初就不太贊同，從西班牙來的艦隊在佛朗德海岸與他的軍隊會合，因低地國聯邦的船員控制海岸，他無法擁有一個可容納龐大艦隊的深海港口。見大勢已去，西班牙海軍總司令決定放棄征服英國計劃打道回府。

西班牙船艦被吹向北海方向 08

　　西班牙船艦無法南行駛回西班牙，強風把它們吹向北海，於是繞道蘇格蘭。當時尚無精確的航海技術，尤其尚未發明測量經度（longitude）的儀器。須等到十八世紀末、十九世紀初，發明擺錘才解決問題。倫敦郊外格林威治鎮天文台博物館有詳細解說。

　　那時還有一百二十艘船艦，但有不少偏離航路，在愛爾蘭海岸沉船，數千人淹死，成功上岸的則一律被處死，不論任何官銜。因擔憂西班牙軍隊從愛爾蘭入侵，伊莉莎白一世下令愛爾蘭總督，對西班牙人格殺勿論。暴風雨、船難、立即處決，西班牙人損失慘重。

人為因素加上海潮暗流

西班牙艦隊失敗原因，總司令不諳海事，不聽下屬突擊停泊普里茅斯的英國軍艦的建議，法列茲忠告先在荷蘭占據一港口，讓其軍隊安全出航沒被採納。英軍熟悉英國海岸、英吉利海峽的水勢、風向、氣候因素，可說是無敵艦隊 09 的致命傷。

　　「上帝製造烈風摧毀傲慢、令人畏懼的西班牙軍艦，祂顯示選擇了弱小、正直的英國這邊，對抗殘暴、貪婪的西班牙」，這是今後伊莉莎白與歐洲新教徒同盟，使用的宣傳術語。

　　「我感謝上帝讓我克服此損害，樹枝被砍掉較無所謂，因為樹幹還可滋長新枝」，菲利普二世如此自慰。面對如此鉅大災難，西班牙羞辱萬分，失去威嚴，成為敵人及歐洲朝廷的笑柄。這是西班牙歷史上重大的失利，其象徵意義可媲美摩爾人入侵伊比利半島。

07 海戰

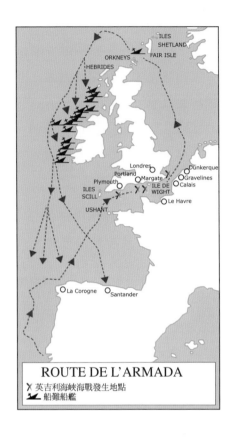

ROUTE DE L'ARMADA

✕ 英吉利海峽海戰發生地點
⚓ 船難船艦

08 西班牙船艦漂流地圖

09 無敵艦隊

結　論

　　七一一年阿拉伯人入侵西班牙，徹底改變它的歷史。
從此伊斯蘭教的東方與基督教的西方，這兩種文明在伊比利
半島並存，此種獨特情況影響深遠至今。七一一年征服之
後數十年，伊斯蘭教勢力範圍，幾乎佔據整個伊比利半島，
東北部庇里牛斯山及北部山區，僅存少數的基督徒。一〇
八五年收復托雷多之後，伊斯蘭教與基督教的領土可說旗
鼓相當。一二一二年拉斯納瓦斯・得多羅沙（(Las Navas de
Tolosa)戰役的勝利，是重要的里程碑。數十年期間，基督
徒繼續光復國土。天主教君主在位時期，格納達王國是回教
徒最後的堡壘。

　　十五世紀初期至十七世紀中葉，西班牙成為歐洲強權，
由於海外殖民地，它甚至是世界強權。十五世紀末葉至十七
世紀末，幾次黑死病瘟疫殲滅了龐大的西班牙人口，這是它
政治與經濟衰落的重要因素之一。

　　就像歐洲中古世紀社會一樣，卡斯地爾社會很軍事化。
尤其基於光復國土原則，軍事化持續數世紀之久，直到
一四九二年西班牙統一。社會闡揚戰爭價值及崇尚貴族爵位

精神，農業及勞動被忽略。

美洲新大陸發現之後，年輕力壯的西班牙人，因無法再對摩爾人作戰中牟利、提昇社會地位及成名。在一個輕視勞工的社會，打戰是他們主要的經濟來源。頌揚無生產性的概念，導致一個注重贏利與投機的經濟。提供生活基本需要的勞工及農民，卻被視為賤人。此種社會心態不利經濟發展。生產者被刁難，貴族及宗教人士享有諸多特權，眾多貴族就靠國王賜予的年金生活。末等貴族亦不需納稅，所得稅是為平民而設。

國家預算經常是赤字，不得不向德國及義大利銀行家借貸。征服新世界帶來的財富，用來還債、充當無數戰爭費用、建造宮殿豪宅及教堂，而非投資在生產業。致富商人較喜歡過著王公貴族的生活。西班牙缺乏勢力強大、充滿幹勁的資產階級。由於藐視生產經濟及勞動，資產階級精神不易發展。

一五九八年菲利普二世過世後，菲利普三世、菲利普四世及查理二世等哈布斯堡最後幾位君主，不具天主教君主、查理五世、菲利普二世等先祖的膽識、政治藍圖、關心國事。菲利普三世無能力治國、對政治不感興趣、無獨特見解。菲利普四世雖然聰明，但意志薄弱及無恒心。他喜愛文化、藝術及女人。至於查理二世，身體贏弱，缺乏意志力，絲毫費力就令他精疲力盡。西班牙是由這位病人統治的。

在這種情況下，一五九八年起至一七〇〇年，西班牙的政治特色如下：寵臣專政掌權、西班牙千方百計意圖保留歐洲強權地位、此強權最後還是崩潰。

查理二世無子嗣，王位由近親法王路易十四世的孫子菲

利普（未來的菲利普五世）繼承，開啟了西班牙的布本王朝
（Bourbon）迄今。

附錄 I
西班牙史族譜

西班牙

天主教君主亞拉岡斐迪南二世（1452－1516）
∞天主教女君主卡斯地爾伊莎貝拉一世（1451－1504）一子四女

伊莎貝拉（1470－1498）
∞葡萄牙王曼紐艾一世（1469－1521）

唐璜（1478－1497）
∞奧地利瑪格麗特（1480－1530）

瘋女王華娜（1479－1555）
∞俊男菲律普一世（1478－1506）

瑪莉（1482－1517）
∞葡萄牙王曼紐艾一世（1469－1521）

凱薩琳（1485－1536）
∞威爾斯王子亞瑟（1486－1502）
∞英王亨利八世（1491－1547）

布格尼 哈布斯堡

勇猛查理（1433－1477）
　　∞法國華洛王朝凱薩琳（1428－1446）
　　∞法國布本伊莎貝拉（1437－1465）布格尼瑪麗（1457－
　　　1482）
　　∞英國約克瑪格麗特（1446－1503）

布格尼瑪麗（1457－1482）
　　∞奧地利馬克西米里安一世（1459－1519）一子一女俊男菲利
　　　普一世（1478－1506）
奧地利瑪格麗特（1480－1530）
　　∞西班牙唐璜（1478－1497）
　　∞沙瓦公爵菲利培爾（1480－1504）

菲利普一世（1478－1506）
　　∞華娜（1479－1555）二子四女

哈布斯堡伊蕾娜爾（1498－1558）
　　∞葡萄牙王曼紐艾一世（1469－1521）
　　∞法王方沙一世（1494－1547）
查理五世（1500－1558）
　　∞葡萄牙伊莎貝拉（1503－1539）
哈布斯堡伊莎保（1501－1526）
　　∞丹麥王克利斯瓊二世（1481－1559）

奧地利斐迪南一世（1503－1564）

　　∞匈牙利安娜（1503－1547）

匈牙利瑪莉（1505－1558）

　　∞匈牙利路易二世（1506－1526）

奧地利凱薩琳（1507－1578）

　　∞葡萄牙王冉三世（1502－1557）

查理五世（1500－1558）

　　∞葡萄牙伊莎貝拉（1503－1539）一子二女、一私生女及一私
　　生子

私生女奧地利及巴馬（Parme，義大利一省區）瑪格麗特（1522－1586）

　　∞奧達斐歐・法列茲（Ottavio Farnese，1524－1586）育有一子
　　亞歷山大・法列茲（1545－1592）

菲利普二世（1527－1598）

　　∞葡萄牙瑪莉亞（1527－1545）一子唐卡洛斯（1545－1568）

　　∞英女王瑪麗（1516－1558）

　　∞法國伊莉莎白（1545－1568）

　　∞奧地利安娜（1549－1580）未來的菲利普三世（1578－
　　1621）

西班牙瑪麗（1528－1603）

　　∞奧地利馬克西米里安二世（1527－1576）

西班牙華娜（1535－1573）

　　∞葡萄牙王子冉曼紐艾（1537－1554）

查理五世私生子奧地利唐璜（1547－1578）

葡萄牙

曼紐艾一世（1469－1521）

　　∞伊莎貝拉（1470－1498）

　　∞瑪莉（1482－1517）育冉三世（1502－1557）

　　　　　　　　　　　葡萄牙伊莎貝拉（1503－1539）

　　　　　　　　　　　葡萄牙蓓雅崔斯（1504－1538）

　　∞哈布斯堡伊蕾娜爾（1498－1558）育葡萄牙瑪莉

冉三世（1502－1557）

　　∞奧地利凱薩琳（1507－1578）育冉曼紐艾（1537－1554）

冉曼紐艾（1537－1554）

　　∞西班牙華娜（1535－1573）

英國

亨利七世（1457－1509）

　　∞約克（York）伊莉莎白（1466－1503）二子二女

威爾斯王子亞瑟（1486－1502）

英國瑪格麗特（1489－1541）

　　∞蘇格蘭王傑克四世（1473－1513）

亨利八世（1491－1547）

英國瑪莉（1496－1533）

∞法王路易十二世（1462－1515）

亨利八世（1491－1547）的六位妻子

　　∞亞拉岡凱薩琳（1485－1536）都鐸瑪麗（1516－1558）

　　∞安娜・波連（1503－1536）未來的伊莉莎白一世（1533－1603）

　　∞珍・塞蒙（1509－1537）未來的愛德華六世（1537－1553）

　　∞克里夫斯安娜（1515－1557）

　　∞凱薩琳・赫佛德（1518 or 1524－1542）

　　∞凱薩琳・巴爾（1512－1548）

附錄 II
參考書目

1 —《追憶西班牙 》，徐鍾珮 ，純文學出版社，1976 年 。

2 —《西班牙像一本書》，林達文・圖 ，時報出版 ，2007年。

3 —《 Les Grands Ducs de Bourgogne》，Joseph Calmette，Albin Michel，1997。

4 —《 L' Etat bourguignon 1364 － 1477》，Bertrand Schnerb，Perrin，2000。

5 —《 Charles le Téméraire》，Henri Dubois，Fayard，2004。

6 —《 Splendeurs de la Cour de Bourgogne: Charles le Téméraire 1433 － 1477》，Fonds Mercantor，2009。

7 —《 Marguerite d'York ou la duchesse Junon》，Luc Hommel，Le Cri Edition，2003。

8 —《 Maximilien d'Autriche, Souverain du Saint Empire Romain Germanique bâtisseur de la maison d'Autriche》，Francis Rapp，Thallandier，2007。

9 —《 Marie de Bourgogne》，Georges-Henri Dumont，Fayard，2001。

10 —《 Bruges à Beaune: Marie de Bourgogne, l'héritage de

Bourgogne》，Somogy Editions d'Art Paris，2000。

11 —《 Marie de Bourgogne》，André Besson，Nouvelles Editions Latines，1994。

12 —《 Marguerite d'Autriche》，Andre Besson，Nouvelles Editions Latines，1994。

13 —《 Marguerite d'Autriche, Princesse de Bourgogne》，Jean-Pierre Soisson，Grasset，2002。

14 —《 Histoire de l'Espagne》，Joseph Pérez，Fayard，1996。

15 —《 Isabelle et Ferdinand, Rois Catholique d'Espagne》，Joseph Pérez，Fayard，1988。

16 —《 Isabelle la Catholique, un modèle de chrétienté?》，Paris Payot & Rivages，2004。

17 —《 Reines de Castille》，Townsend Miller，Arthaud，1966。

18 —《 Isabelle la Catholique》，Philippe Erlanger，Perrin，1997。

19 —《 L'Espagne des Rois Catholiques : Le prince Don Juan, symbole de l'apogée d'un règne 1474–1500》，Louis Cardaillac，Autrement，2000。

20 —《 L'Inquisition espagnole》，Joseph Pérez，Fayard，2002。

21 —《 Philippe le Beau, le dernier duc de Bourgogne》，Jean Marie Cauchies，Brépols，2003。

22 —《 Un Amour fou》，Catherine Hermary-Vieille，Editions Olivier Orban，1991。

23 —《 Portrait historique de Christophe Colomb》，Marianne Mahn -Lot，Editions du Seuil，1988。

24 —《 Cortès, le conquérant de l'impossible》‧Bartolomé Bennassar，
Biographie Payot，2001。

25 —《 Francisco Pizarro, conquistador de l'extrême》，Bernard Lavalle，
Biographie Payot，2004。

26 —《 Bartolomé de Las Casas : entre l'épée et la croix》，Bernard
Lavalle，Biographie Payot，2007。

27 —《 Histoire de l'Empire des Habsbourg 1273－1918》，Jean
Bérenger，Fayard，1990。

28 —《 Histoire des Habsbourg, des origines à nos jours》，Henry
Bogdan，pour l'histoire Perrin，2002。

29 —《 L'Espagne du XVI° siècle》，Joseph Pérez，Armand Colin，
2003。

30 —《 Charles Quint》，Pierre Chaunu，Michel Escamilla，Fayard，
2000。

31 —《 Charles Quint 1500－1558》，sous la direction de Hugo Soly，
Actes Sud，2000。

32 —《 Charles Quint, un César Catholique》，Michel Georis，France
Empire，1999。

33 —《 Charles Quint》，Jean-Pierre Soisson，Grasset，2000。

34 —《 Les empires de Charles Quint》，Grégorio Salinero Ellipses，
2006。

35 —《 Eléonore d'Autriche, seconde épouse de François Ier Histoires
des reines de France》，Michel Combet，Pygmalion，2008。

36 —《 Archiduchesse Eléonore, Reine de France, Soeur de Charles

Quint》，Ghislaine de Boom，Le Cri Histoire，2003。

37 —《Marie de Hongrie》，Etienne Piret，Jourdan Editeur，2005。

38 —《Ces Autrichiennes nées pour régner: Les Princesses Habsbourg》，
Catharina de Habsbourg，Editeur Michel de Maule，2006。

39 —《Elisabeth d'Angleterre et Marie Stuart ou les périls du mariage》，
Anka Muhlstein，Albin Michel，2004。

40 —《Les Tudors》，Lilian Crété，Flammarion，2010。

41 —《L'Espagne de Philippe II》，Joseph Pérez，Fayard，1999。

42 —《Philippe II》，Ivan Cloulas，Fayard，2005。

43 —《Las cuatro esposas de Felipe II》，Antonio Villacorta，Rialp，
2011。

44 —《Le destin tragique des Habsbourg au XVI° Siècle》，Ghislaine De
Boom，Le Cri Edition，2005。

45 —《Le Corps d'une reine: Histoire singulière d'Elisabeth de Valois
1546－1568》，Sylvène Edouard，Presse Universitaire de Rennes，
2009。

46 —《Don Juan d'Autriche, bâtard de Charles Quint》，Edmonde
Charles-Roux，Les Racines de l'histoire，2003。

47 —《Le Roman de Tolède》，Bernard Brigouleix，Michèle Gayral，
éditions du Rocher，2007。

48 —《Tolède XII°-XIII° siècle: Musulmans, chrétiens et juifs, le savoir et
la tolérance》，Autrement Série Mémoires，1991。

49 —《Dictionnaire amoureux de l'Espagne》，Michel Del Castillo，
Plon，2005。

50 —《 L'Espagne de 1492 à 1808》，Jean-Pierre Dedieu，Belin Histoire，2005。

51 —《 Le vrai voyage de Christophe Colomb》，John Dyson，JC Lattès，1991。

縱觀天下

你一定愛讀的西班牙史：現代西班牙的塑造
Histoire de la formation de l'Espagne Moderne

作者◆楊翠屏　博士
發行人◆施嘉明
總編輯◆方鵬程
主編◆葉幗英
責任編輯◆王窈姿
美術設計◆吳郁婷
校對◆許素華

出版發行：臺灣商務印書館股份有限公司
台北市重慶南路一段三十七號
電話：(02)2371-3712
讀者服務專線：0800056196
郵撥：0000165-1
網路書店：www.cptw.com.tw
E-mail：ecptw@cptw.com.tw
網址：www.cptw.com.tw

局版北市業字第993號
初版一刷：2013年3月
定價：新台幣 420 元

你一定愛讀的西班牙史：現代西班牙的塑造
　/ 楊翠屏著. -- 初版 -- 臺北市：
　　臺灣商務, 2013. 3
　　面； 　公分 --（縱觀天下）
　ISBN　978-957-05-2809-1 (平裝)

　1.西班牙史

746.11　　　　　　　　　　　101028006

100台北市重慶南路一段37號

臺灣商務印書館 收

對摺寄回，謝謝！

傳統現代　並翼而翔

Flying with the wings of tradtion and modernity.

讀者回函卡

感謝您對本館的支持，為加強對您的服務，請填妥此卡，免付郵資寄回，可隨時收到本館最新出版訊息，及享受各種優惠。

■ 姓名：＿＿＿＿＿＿＿＿＿＿＿＿＿＿　　性別：□ 男 □ 女

■ 出生日期：＿＿＿＿＿年＿＿＿＿月＿＿＿＿日

■ 職業：□學生　□公務(含軍警）□家管　□服務　□金融　□製造
　　　　□資訊　□大眾傳播　□自由業　□農漁牧　□退休　□其他

■ 學歷：□高中以下（含高中）□大專　　□研究所（含以上）

■ 地址：＿＿＿＿＿＿＿＿＿＿＿＿＿＿＿＿＿＿＿＿＿＿＿＿
　　　　＿＿＿＿＿＿＿＿＿＿＿＿＿＿＿＿＿＿＿＿＿＿＿＿

■ 電話：(H) ＿＿＿＿＿＿＿＿＿＿＿＿ (O) ＿＿＿＿＿＿＿＿＿

■ E-mail：＿＿＿＿＿＿＿＿＿＿＿＿＿＿＿＿＿＿＿＿＿＿＿

■ 購買書名：＿＿＿＿＿＿＿＿＿＿＿＿＿＿＿＿＿＿＿＿＿＿

■ 您從何處得知本書？

　　□網路　□DM廣告　　□報紙廣告　　□報紙專欄　　□傳單
　　□書店　□親友介紹　　□電視廣播　　□雜誌廣告　　□其他

■ 您喜歡閱讀哪一類別的書籍？

　　□哲學‧宗教　　□藝術‧心靈　　□人文‧科普　　□商業‧投資
　　□社會‧文化　　□親子‧學習　　□生活‧休閒　　□醫學‧養生
　　□文學‧小說　　□歷史‧傳記

■ 您對本書的意見？（A/滿意 B/尚可 C/須改進）

　　內容＿＿＿＿＿＿編輯＿＿＿＿＿校對＿＿＿＿＿翻譯＿＿＿＿
　　封面設計＿＿＿＿價格＿＿＿＿＿其他＿＿＿＿＿＿＿＿＿＿＿

■ 您的建議：＿＿＿＿＿＿＿＿＿＿＿＿＿＿＿＿＿＿＿＿＿＿＿

※ 歡迎您隨時至本館網路書店發表書評及留下任何意見

臺灣商務印書館　The Commercial Press, Ltd.

台北市100重慶南路一段三十七號　電話：(02)23115538
讀者服務專線：0800056196　傳真：(02)23710274
郵撥：0000165-1號　E-mail：ecptw@cptw.com.tw
網路書店網址：http://www.cptw.com.tw　部落格：http://blog.yam.com/ecptw
臉書：http://facebook.com/ecptw

2

3

4

40°

C. Ca
Pe

Ericei
C.da
Roc

Estori
Alma
Se
C
Esp

0

Sagres
C. d
S. V

7

36°